思想の覚醒

松本健一思想伝 1

思想の面影を追って

走馬灯のように——まえがきに代えて

この『思想の覚醒』、『思想の展開』、『思想の挑戦』と題した三巻本は、わたしの四十三年におよぶ著述生活であらわした百冊以上の単行本などの「まえがき」や「あとがき」の集成である。もっとも、百冊以上というのは、十年ほどまえにある編集者が「もう百冊をこえましたよ」と教えてくれたことからの類推で、わたし自身が数を数えたことは、ない。

それに、この三巻本のタイトルも編集も、人間と歴史社の佐々木久夫さんと、若い女性編集者の井口明子さんとが手がけてくれたもので、わたしは何の手もほどこしていない。俎板の鯉になっただけのことである。

こういう本をつくってみたらどうでしょう、とアイデアを出してくれたのは、その若い女性編集者だそうだ。全著作にあたってくれたのもかの女で、わたしの手元にあるものを貸してくれ、といったわけでもない。だいたい、全著作がわたしの手元に揃っているわけでもない。自宅、大学、古倉庫と、所蔵地も分かれている。「まえがき」や「あとがき」がない著作物もあるので、それに見合うような文章を探し出してくれたのも、お二人である。

三巻本のアイデアを示されたとき、それはちょっと重いのではないか、二巻になりませんか、といったら、全体で九〇〇ページになるので、二冊では無理です、といわれた。それに、覚醒、展開、挑戦という思想の三段階を考えているので、構成上からも三冊になります、というのである。

はて、一冊目、二冊目はどの著作で区切りとなるのか、そうしてわたしはそこまでに何を見、何を考えてきたのか、と想像しながら、わたしはこの「まえがき」を書いている。長い著述生活をふりかえってみると、そこにはいくつもの危機や転機があったような気がする。危機ということなら、竹内好さんが亡くなったとき（一九七七年）や橋川文三さんが亡くなったとき（一九八三年）が、まさしくそれであったろう。その危機意識がわたしの著作活動にどんな影を落としているのか、見たいような見たくないような。

また、転機というなら北一輝や隠岐島コミューンや三島由紀夫など政治思想や歴史論文ばかりを書いていた一九七〇年代半ばまでのわたしに、中上健次（一九九二年没）が、「松本よ、北や三島や二・二六事件などばかり扱っていないで、同時代のおれたちの文学についても批評してくれ」と注文をつけたことが、一つのきっかけであったろうか。それに応じて、わたしが中上や村上龍や村上春樹の文学や、近代文学史に関わる評論などに視野をひろげていったのである。

しかし、中上健次がはやく亡くなったこともあり、それ以後の文学が急速に耀やきを失った――文学が商品化し、とどのつまり「死語の戯れ」に堕していった――こともあり、わたしは文芸評論から手をひくようになった。戦後の「オキュパイド・ジャパン」（占領下の日本）に育ったみずからの精神を小説（『エンジェル・ヘアー』一九八五年）に描いてみたのは、このころ小説家たちが描こうとする対象を見失っていたことへの憤懣からであったろうか。『エンジェル・ヘアー』を読んだある編集者から、そこに出てくる「オンリーさん」を主人公にした作品を書きませんか、と誘われたけれど、わたしは小説家になるつもりがなかったらしいので、結局沙汰止みになった。

それよりも、わたしにはベルリンの壁が崩れる（一九八九年）ころの世界史的変貌に、大いなる関心をいだきはじめていた。時を同じくして昭和天皇が崩御したことにも、何か時代の暗合のようなものをおぼえたのである。このころのわたしの問題意識は、冷戦構造が解体して、新たな世界秩序が生まれようとする〈世界史のゲーム〉に日本はどう立ち向かうのか、またそこに始まっているのは日本にとって〈第三の開国〉とでもよぶべき転形期なのではないか、というものであったろう。

こういったわたしの問題意識をビビッドに受けとめ、「百枚をこえる長い論文でもいいから、書いてくれ」といってくれたのは、当時『中央公論』の編集長だった平林孝さん（二〇〇二年没）である。わたしはそのころ論壇にデビューして二十年たっていたが、『中央公論』、『文藝春秋』、『世界』の三大月刊総合雑誌に、一度も原稿をたのまれたことがなかった。『世界』にはいまでも、ない。

このとき、平林さんに「松本に論文を書かせてみたい」と申し出てくれたのは、わたしよりずっと若い、入社したての郡司典夫さんである。その郡司さんがいま学芸部長として、八〇年代半ばのわたしの心的な変化というか、保守的な現実主義者への関心のはじまりとなった『秋月悌次郎―老日本の面影』（一九八七年）という著作の文庫版の編集をさいきん担当してくれた。この本が、わたしの一番新しい出版ということになる。秋月の友人の広沢安任《やすとう》の漢詩にあったような、首《こうべ》をめぐらせば十年、どころかすでに二十年である。

平林さんには、もう一つ、転機を与えてもらった。それは、かれが『中央公論』編集長から書籍部長に移ったあと、「日本の近代」シリーズの第一巻『開国・維新』（一九九七年）の筆者にわたしを起用してくれたことである。『毎日新聞』の岸俊光さん（現、学芸部長）によれば、このシリーズはすべて学者が執筆を担当しているのに、第一巻だけが評論家の松本で、それが異色を放っている、という。また、評論家・編集工学研究所長の松岡正剛さんも、このシリーズ全体を推奨しつつも、「まずは第一巻の松本健一『開国・維新』だけでも読まれたい」と書いてくれている。

これ以前、わたしは通史のようなものを書いたことがなかった。これを書いたことによって、わたしはそれ以後、通史的な『日本の失敗―「第二の開国」と「大東亜戦争」』（一九九八年）や『畏るべき昭和天皇』（二〇〇七年）などに進み出ることができたのである。

『開国・維新』は他方で、わたしの歴史に対する見方を、権力の移行や体制の変革そうして思想史という観点からのみならず、日本の風景の変化や文明史的視点から捉えることの重要性を示唆してくれた。そこで、前者の風景の変化が『海岸線の歴史』（二〇〇九年）を生み、後者の文明史的視点が『砂の文明・石の文明・泥の文明』（二〇〇三年）、『泥の文明』（二〇〇六年）を生んだのである。

そういったさまざまな転機に、多くの友人や編集者の人びと、そうして国内外の風土や文化との出会いが関わっているのである。あの人、あの土地……と思い浮かべていると、走馬灯のごとく時の面影がよみがえってくる。

二〇一三年五月一日

対馬から移された海照らしの白い花が降りしきる日に

松本健一

思想の覚醒　思想の面影を追って　【目次】

思想の覚醒

思想の面影を追って

若き北一輝　恋と詩歌と革命と

1

夏のさなか、わたしは湊の町なかをひとりで歩いていた。加茂湖と両津湾とにはさまれる砂嘴の湊町。そして、その湊町を南北につらぬく海岸通りには、百年ほど前とほとんど同じ構えの家が軒をつらねていた。人影のあまり見当らぬこの通りは、尾崎紅葉が「村雨の松」と呼んだ御番所の松の下にある境橋（両津橋）から、原黒の村まで、三、四町つづいていた。

海岸通りに入ると、すぐ右手に北家の菩提寺の浄土真宗勝広寺があった。ここで、昭和十六年ごろ、北一輝《きたいっき》と西田税《にしだみつぎ》（二・二六事件の民間側首謀者）の遺骨を墓に納めるための法会《ほうえ》が行なわれた。北の遺骨は分骨されて佐渡へ戻ったのである。法会は東京から付いてきた二人の憲兵の監視下にあっけなく終わり、住職浜松堯彰氏の法話も禁止された。いま浜松氏の手元には、北の遺影と改造法案が、また分寺真念寺（勝広寺のとなり）の住職村山忠氏の手元には、北のくれた自筆の御布施《おふせ》袋と改造法案が、それぞれ残されている。

北の骨は勝広寺の椎崎墓地に埋葬された。この墓地へは、北の生家や友人・尾潟七左衛門や叔父・星野和三次などの家の前を通り過ぎ、恋人・松永テルの家を左にみながら、なだらかにひろがる原黒丘陵を二十分ほど登りつめねばならない。青々と稲の繁る丘陵からは原黒と湊の町なみが一望でき、湖と湾にはさまれた細長い砂嘴《さし》が、境橋をかすかな線として夷の町につづき、大佐渡山系金北山へと高まっていくのがみえる。

頂近くにある松林のわずかばかり入ったところに、夏草に埋もれがちに北家代々の墓はあった。そこは、星野家の墓や、江戸末期の漢儒学者・北君養（由之）の墓、そのほかに二、三を数えるばかりのもの哀しい山の墓地であった。北家代々の墓は、「明治一七年八月　北六太郎」と記されるのみである。

北一輝の遺骨をもち帰った遺族たちは、北一輝の名を刻んだ墓碑を建てたがったけれども、憲兵は国賊の墓碑をたてることを許さず、北の遺骨は代々の墓の片隅に、西田（税《みつぎ》）のを伴って埋葬された。いま、その片隅の土の上を青苔が覆い、光のあたらぬ草叢《くさむら》と見まごう墓地には、湿った松の香が漂い、松籟《しょうらい》がきこえる。

この二度目の佐渡行のおわりに、わたしは国賊についてもっとなまぐ〳〵しい、直截的な実感を味わった。夕暮に新潟駅に着いたわたしは、夜汽車の出発時刻までの六時間ほどを利用して、斎藤恵吉の遺族のもとに向った。住所は島を去る前日になって、やっとわかったのである。

斎藤恵吉の人となりだけでも聞こうと思って出かけたわたしに、正治・鉄哉氏父子は「北一輝さんというのは、なにせ、国賊なものだから、今まで他人《ひと》には見せたことがないのです」といって、川島浪速《かわしまなにわ》（一八六五〜一九四九）などの手紙の入った箱のなかから、北の手紙を五通とり出して見せてくれた。この手紙とともにあったと推定される、北のガリ版刷りの文章や、高等小学校当時の画は、人手に渡り、それを入手した人物も他界したいまでは、行方《ゆくえ》が知れなくなってしまった。

なお、斎藤夫妻宛の書簡は、昭和のものばかりで、それらは日蓮の晩年の書簡を思わせるような、暖かみと激しさとを滲《にじ》ませたものであった。その一通を紹介しておこう。

拝啓

御心尽シノ魚卵数日前拝受早速御礼可申上処、本間叔父上京ノ為メ色々御言伝モ致度延引失礼仕候。昨年性奮真ナル者ニヨリテ小生ニ加ヘシ暴逆ト等シク恐ル可ク彼レ以上ノ風雲ガ再ビ加ヘタル小生ヘノ不法監禁ニヨリテ起ルベキコトヲ御承知ヒ（被）下度候。数ヶ月ノ後トナリ候

敬白

六日　一輝

この暖かみと国賊のイメージはどうしてもそぐわず、それだけに余計にわたしの胸中に〝国賊〟のしこりを残した。

わたしが斎藤家を辞したとき、闇夜はあたり一帯を包みこんでいた。帰途、橋の上からみえた信濃川のどむどむとした流れは、北の謳《うた》ったとおり「暗《やみ》の底逝《ゆ》く信濃川」なのかもしれなかったが、それはなぜか〝国賊〟というリフレインを繰り返しているかのようにも思えた。

それからすでに半年が過ぎた。『明星』の投稿短歌に「北輝次」の名を見いだしてからは、もう二年近くたっている。この間に、北の初期論文の考証もすべて終わり、北には「天皇への拝跪《はいき》」がなく、「天皇への憤怒《ふんぬ》」こそが天皇機関説創出の発条《バネ》となっているのではないかという私的仮説も、初期論文の読み込みを通してかなり実証づけられることになった。

「天皇への嗤《わら》い」といえば、おそらく、私流のひき寄せが過ぎるにしても、若き北一輝に、天皇なにするものぞ、の意気込みがあったことは確かである。天皇への絶対親愛から天皇否定への契機に、例の国体論不敬事件があったことは、多分まちがいない。ただこの天皇否定は、近親憎悪に近い、否定の仕方である。だが論理は激情によって貫徹されることを考えれば、それを青年の自己陶酔とのみ、いうことはできない。北は不敬事件を通して、天皇＝国家の本質を看破《かんぱ》していたのである。

北の天皇機関説は、否定すべき天皇への憤怒と、現実に巨大な権力をふるっている天皇制の支配原理に対して築きあげられた唯一の救国の方策であり、「天皇を国民の奴僕《ぬぼく》となす」ことであった。いわば、北は天皇＝国家に対して、国民＝

国家の支配原理を対置したのであり、それゆえに、国体論と革命論は別ではない、という北の表現が生まれたのである。としたならば、北一輝は戦前には憲兵のいうとおり〝国賊〟であったのである。もちろん、それは天皇＝国家を認めての謂《い》いではある。そして天皇＝国家のもとでは、北は〝国賊〟でありつづける。

だから、北の一貫不惑の意味するものは、天皇を奉じて起したクーデターを天皇が承認しないなら、天皇そのものを打倒するという冷たい認識を、彼が抱いていたことにほかならない。「天皇を国民の奴僕《ぬぼく》となす」道は、北自身が国民であると自覚しているかぎり、北の意志に反する言動が天皇にあった場合、天皇をも斬り倒す矯激《きょうげき》性を内包していたはずである。そこに北と二・二六の青年将校との断絶があり、北が彼らを「革命軍」と呼ばずに「正義軍」と呼んだ理由かもしれぬ。

いうまでもなく、北ひとりが国民と思い上がることは、それだけで十分非難に値するであろうが、かといって、近代日本の天皇＝国家体制下に、国民が存立する条件がなかったことは確かである。日本が天皇＝国家でありつづけるかぎり、〝国賊〟は再び甦《よみがえ》るであろう。中江兆民《なかえちょうみん》から生まれたロベスピエール（フランスの政治家。転じて北一輝のこと）がもたらすものが、恐怖政治であるにしても、フランス革命が後戻りしえない地点を獲得したのは、ロベスピエールがルイ十六世を馘《くび》きったことによっていることを確認すべきである。

だが、北が天皇を己の奴僕となそうとしたというわたしに、「筆者は北一輝を右翼から左翼にしようとしている」という非難を寄せた人もいた。わたしは、ああ、この人は北一輝のことを本にしながらも、順逆不二という意味を理解していないのだなと思った。こんな無理解に反論の労はいらない。

とはいうものの、わたしが「天皇への嗤《わら》い」といって好んだものを、嫌悪した人には対決の要を感ずる。それは先日故人となった三島由紀夫氏のことである。三島氏は『奔馬』で、彼が憧憬と陶酔のうちに描いた草莽《そうもう》の臣・飯沼勲に、「北一輝の『日本国家改造法案大綱《（ママ）》』は、一部学生の間にひそかに読まれていたが、勲はその本に何か悪魔的な傲りの匂ひを嗅ぎ取った」といわせた。

この三島氏の炯眼《けいがん》は、北一輝が純正社会主義者から純正ファシストに転向したという説や、北に天皇への恋闕《れんけつ》があり、それからきれていなかったなどと血迷っている論などとは、比較にならない鋭さであった。この炯眼の論者を失ったのは残念なことである。

だが、対決の要といった責任上、付言しておくならば、三島氏が週刊誌的天皇、もしくはファッションモデル的天皇に堕したと指摘するのとまったく逆に、その日から、わたしたちは存在しなかったはずの天皇が実在することを見せつけられたのであった。だから、たとえ、天皇象徴制ではなく、文化統一理念としての天皇であろうと、わたしたちは排撃するであろう。

というのは、脱脂粉乳とアメリカザリガニで育った世代の記憶の底には、天皇は存在しないからであり、人々はそのとき、天皇のためにではなく、自分のために額に汗して働いていたのであり、それがわたしたちには美と感ぜられるからである。

すでに、わたしはあとがきの枠を越えて、調子にのりすぎているかもしれない。だが、この書は、文の拙《つたな》さを除けば、北の肯定者にとっても、否定者にとっても、毒薬であることは忠告しておきたいと思う。それは毒にも薬にもなりうる。

とまれ、わたしは生身の北をこのなかに放り出した。それは北一輝の原型である。この原型を確認するために、わたしは明治三十八年(一九〇五。北一輝二十三歳）の段階で筆を措いた。そこでは、北一輝は未成熟なまま、それなりに全体として完成してしまっている。そして、私見ながら、彼の数奇なる生涯は、この祖型が、時と所とを変えて繰り返されるものだとみてよい。祖型の繰り返しといって悪ければ、唯一者の理念が何度となく浪漫《ロマン》的に追求され、そのたびごとにより大きな摩擦を生みだしていくものだということもできよう。

北一輝は、かくのごとく、浪漫的革命へ、旅立ったのである。

（一九七一年、現代評論社刊）

北一輝論

2

ひとの生誕は偶然にみちているが、ひとの死というものはなんとまた確実であることだろうか。この生誕と死のあいだに繰りひろげられるひとの一生は、それゆえ、偶然から必然に遡《さかのぼ》る道程であるといいうるかもしれない。そこには、さまざまな邂逅《かいこう》があり、さまざまな別離があるが、それらも偶然から必然への遡りの道具立てにすぎないのではないか、という気がいまひとしおする。

わたしは本書に収めた諸断片を書く過程、つまり北一輝の顔を描く作業の過程で数多くのひとに逢い、そして別れた。別れは未来永劫にわたる場合があったが、そのことの意味は重かった。北一輝に迫る手がかりのひとつを失ったがゆえにでなく、ひとの一生という意味あいにおいて、わたしに重く響いた。

あるいは、中江兆民が一年有半の死の床で述べたごとく、ひとの一生とは「虚無海上一虚舟」であるかもしれぬ。しかし、たとえ死が必然への到達であるにしても、それは生の終極を意味することにほかならないのであり、生そのものが顧みられる唯一の時点であったはずである。兆民が「一虚舟」と述懐したとき、彼はじつはもっとも生の意味に錘《おもり》を下ろしていたのかもしれぬ。

ところで、わたしが諸断片を書きはじめた時点ではじめて知り、そしていまこれを書いている時点ですでに亡いひとびとが三人いる。

ひとりは、「これが八田三喜で、これが長谷川清これが石塚照……」と、明治三十四年の佐渡中学の教師たちの写真をみながら、いちいち指でさして名をあげてくれた。彼は、一年半ほど前の夏のさかり、冷えびえとした板の間にきちんと膝を折ってすわり、石地蔵のように固まったまま語った。佐渡中学第一回卒業生である彼は、一年ちょっとの間、北一輝と同級生であった。九十歳になったかならぬか、この人は次の夏を迎えることなく死に就いた。

ひとりは、「そう、おテルさんの嫁ぎ先の西堀という家はなあ、大きなリンゴ園を営んでいる家じゃった。わたしを清（テルの弟）のもとに世話したのも、あの人でなあ、きれいなお人じゃった……」と北一輝の初恋の女びとだった松永テルについて、記憶をさぐりさぐり語った。彼女は、テルの写真を次々ととりだして、微笑をたやさぬまま語った。彼女は夏に入ってからあまり健康の思わしくない身体を病の床から起こして、夏の夜を語りつづけた。その二、三ヵ月後、まだ冬に入らぬうちに、彼女はその八十年の生涯を終えた。

もうひとりは、「生きることの哀しみをわからぬ人には、生きることの喜びもわからない」と書いた人で、北一輝の生家のことや、母・リクのこと、譲り受けた『日本改造法案大綱』のこと、北が自筆で書いたお布施袋のこと、菩提寺で営まれた法要のことなどを語ってくれた。彼は浄土真宗の僧侶であったが、その心根においては歌人であった。七十歳ほどであったろう彼に死は、不意に訪れた。この一月中旬に手紙をいただいたばかりなのに、下旬にはすでにその生を終えていた。

二年ほどまえ、湊の町なかを歩いていて、ふと目にとめたのが、黒板に白墨《はくぼく》で書いた「生きることの哀しみをわからぬ人には、生きることの喜びもわからない」という彼の一文であった。これをみたとき、わたしは思わず涙がこぼれそうになったのだった。いま、そのときの感覚が甦ってならぬ。死が哀しいがゆえにでなく、生きているわが身に翻っての謂《い》いである。

あるいは、北一輝が支那革命で得たものは、宋教仁《そうきょうじん》（革命派政治家。一九一三年、上海駅頭で暗殺）の死を契機として生じた、このような人間の必滅性に対する諦観《ていかん》というものだったかもしれない。それが彼のなかに法華経が忍びこみはじめたことの所以《ゆえん》だったのかもしれない。彼もまた弱い一個の人間であった。

とまれ、わたしが本書で論じようとした北一輝に対する視角は、徹頭徹尾、彼も一個の人間であるというものだった。いわば、わたしはこの人間と衝突しようと試みたのである。その試みは、あるときは相響きあうトーンを奏で、あるときは不吉な不協和音として結果した。しかしながら、この衝突によって、わたしは北一輝という、近代日本の毒にのたうちまわりながらも、その毒を革命によって払おうとした者の、おごりと、憤《いきどお》りと、すすりなきとをある程度聞くことができたように思う。

（一九七二年、現代評論社刊）

孤島コンミューン論

まわりを水にかこまれた松江の城にのぼったのは、もう数年もまえのことだ。天守閣の下の裏道からわずかはずれたところにある疏水《そすい》をみながら、わたしはこんなことを思った。――この疏水に笹舟を浮かべれば、それはおそらく城の堀に流れこみ宍道湖をへて、ついには隠岐島《おきのしま》に達するにちがいない、と。

それから何年かして、信濃川の橋の上でもわたしは似たような思いにつかれた。――この流れにのってゆけば、佐渡ヶ島に行くことができるだろう、と。

それは、わたしの思考の無限逃亡性を物語っている。島は、のがれのがれて辿りつく地であったからだ。いわば、まだ先がある、のがれてゆくところがあるという、みずからへの許しの場処として島を設定していたのである。

だがしかし、島は従来のがれ渡ってゆくべきものではなかった。本土から支配

3

をしに出かけてゆくところであり、それ以外の意味をもってはならない土地であった。そのことを隠岐島コンミューンや佐渡ヶ島自由民権運動などのことを調べながら、わたしは知らされた。

隠岐にとっての松江、佐渡にとっての新潟は、遠い遠い本土であった。遠いというより、雲の上の存在なのであった。そこからはつねに権力が運ばれてきたからである。そして、佐渡のとなりは小樽であり隠岐であって、隠岐のとなりは佐渡であり壱岐《いき》であり沖縄なのであった。

このことは私的空想なのではなくて、江戸末期や明治期の文献などから判然と伝わってくることなのである。柳田国男《やなぎたくにお》の『海上の道』みたいな探求をすれば、それを実証することはたやすいのかもしれないが、わたしの興味外のことである。とにかく、これらの島は、本土のとなりにあるという思考から自由であった。正確にいえば自由にさせられてしまっていた。島のとなりは、あいも変らぬ島であった。

北海道—佐渡—隠岐—壱岐—沖縄という島々は複数の島ではなく、おなじく「孤島」であった。

わたしは本土から島にのがれていくという言い方をしたが、この表現は本質的に不可能であった。

というのも、島に渡ってゆくものは、「権力」であったか、もしくは流されてゆく「流人《るにん》」かであった。たとえ島にのがれてゆくと表現したところで、島に上陸したときに、「権力」か「流人」かの選択の地点に立たされることは、当然のことなのであった。

そこでも、わたしは持ちまえの無限逃亡性を発揮して、島の中にもぐりこむ作業を始めようとした。だが、島は閉ざされていて、作業の過程でたち向かわざるをえない選択の前には逃亡口がないのを知った。すでに島から先に途《みち》はなかった。あるのは、やはり同じ「孤島」であった。そこから、わたしの「孤島」へのどうい、い、どうめぐりが始まった。

†

——明治六年、本土中央が征韓論の是非という国家の進路をめぐって喧々囂々《けんけんごうごう》としていたころ、わが孤島びとたちは己の身のことにかまけていた。かれらの関心は、この年の一月に施行された徴兵令にどう対処するかということにあった。はっきり言ってしまえば、国家によって一方的に決められた徴兵令は、かれらの気に入らなかったのである。わたしはこういう孤島びとが好きである。

一方的に、武器を押しつけたり武器を奪ったりするのが、国家のやり方、あるいは権力者の常套《じょうとう》手段である。西南戦役（明治十年＝一八七七）のときもそうだった。明治政府軍は天草島民に軍夫たることを命じ、薩摩軍は県令に大島商社の不正を上訴にきた奄美島民を逮捕し、出獄の条件として必死の覚悟で従軍することを命じた。国の進路を決める戦に、孤島びとたちはその意思もないのに駆りだされた。孤島びとたちにとっては、国家も県もともに権力者であることにおいて抑圧者である。

とすれば、わが孤島びとはその生の全《まった》き自由という究極において、国家もしくは権力と向きあうことになるはずである。ここに、本書の起点がある。

わたしは多くの孤島を経巡《へめぐ》り、多くの孤島びとたちに逢ったが、その過程で次第に国士を気取る人びとが嫌いになった。翻って言えば、己のことのみにかまける孤島びとが大好きになったということである。ここには、時代の最先端を気取る国士（憂国の士）がいないが、かれらの思想にはしたたかさがある。根づいた思想のしたたかさが。

一方、国士を気取る人びとの思想には、エートスともよぶ思想の根が失われている。思想はたしかにエートスから出て、エートスと切れていなければならぬ。がしかし、あまりにも論理上の先ばしりが目立つのが近代日本の思想者たちの共通点である。

ラディカルとは、この国では過激な言を吐くことを謂《い》うようである。そしてまた、議論では過激な行動を提起したものが勝つというのが定石であるらしい。たとえ議論で負けても、少数者が過激な行動に趨《はし》れば、歴史評価の点でそれが勝ちを得るというのも、通例であるらしい。

ともかくも、ラディカルとは国家の歴史のなかに足跡を刻むということなのだろう。

しかし、わたしは国家の歴史のなかには書き残されない歴史、つまり日常のことどもに身を横たえたい。わが身のことにかまけることによって、結果として国家と対峙する地点まで進み出てしまった孤島びとたちの生を描きたい。

なぜなら、かれらの生のありようこそ、その生き方においてラディカルであるとわたしには思えるからだ。かくのごとき孤島びとたちのラディカルさにわたしは共鳴する。とはいえ、これも擬インテリの引かれ者の小唄というべきだろうか。

こんなことを考えつ考えつ、ずいぶんと遠くまで歩いてきてしまったというのが、現在のわたしの感懐である。

（一九七二年、現代評論社刊）

革命的ロマン主義の位相

少年のころ、自転車にのって近くの渡良瀬《わたらせ》川にしばしば遊びにいった。そのときかならず日本手拭いを携えていったものである。その手拭いで、河なかに光る砂金を掬《すく》うのである。砂金を集めて大金持ちになろうなどという野心を抱いていたわけではむろんない。ただ掬いあげた水のなかにきらきらと舞う微細な粒子の不思議に、ひととき惚然と酔い痴れたのである。

それは万華鏡をのぞく心境に似通っていた。ひとたび万華鏡をのぞくと、そこには次から次へと新しく華麗な世界がひらけ、それだけで少年の心はしあわせに満ちたりたものである。同じように、河水に舞い流れ岸に慕い寄る砂金を掬いあげる少年の掌《てのひら》には、おそらく眩《まば》ゆいほど美しい世界がつかみとられていた。

この渡良瀬川の砂金が、上流の足尾鉱山における銅精錬のさいの残滓であることを、当時のわたしたちはかすかではあるが知っていた。いまにして思えば、この砂金は足尾鉱山から流れでる鉱毒と相随伴するものであったろう。にもかかわらず、そのことを知ったからといって、わたしの砂金掬いに対する憶い出の甘美さはいっこうに失せることがない。そういう心境こそが、ロマン主義の原基であることは改めていうまでもないことであろう。なぜなら甘美なる憶い出はすでに一個の幻想だからである。

ロマン主義とは、この幻想つまり現実とは別の「もうひとつの世界」に、みずからを置きつづけようとしたもののことである。とすれば、わたしと同様の体験をもつものたちは、なべてロマン主義者たるの要素を内包しているということができる。

ロマン主義は、しかし、近代日本においてはつねに悪者として扱われてきた。これはいかなることを意味しているのかという疑問は、久しくわたしの胸をさわがしつづけてきた。

かくのごときわたしの立場は、ことあるごとにロマン主義のありようを問い返す作業を、わたし自身に強いたのである。なぜならば、その作業はこの問題に捉われつづけざるをえない己に対する、次のような問いかけにほかならなかったからである。

「おまえは何処へ向かおうとしているのか」――と。

（一九七三年、伝統と現代社刊）

増補　**若き北一輝**　恋と詩歌と革命と

早いもので、この本の初版がでてから二年もの月日がたった。そのあいだ、わたしは恐ろしさと気恥しさから、これを開けてみることをほとんどしなかった。手元に置いておくのさえ、なんだか己の赤子をみるようで落ちつかず、わたし個人の所蔵本はその二年のあいだほぼ他人の手に渡っていたほどである。

とはいえ、そのあいだこの本の出来ぐあいが気にならなかったというのでは少しもない。むしろその逆で、わずかの誤植や接続詞の使い方までが気にかかってしかたなかった。

誤りもあった。「斎藤八郎兵衛」の筆者を北の虚言に従って、北の作ではないとしたことがその最たるものである。これについては、のちに『北一輝論』に収められることになった論文「暗殺からの逃亡」（一九七一年十一月）の末尾に訂正をしておいたが、それでも旧版を改めないかぎり、なんだか安心できなかった。この増補版で改めることができて、いささか心が休まった。

昔の恋人には逢わないほうが夢が失なわれずにすむというのは、かつての名画「舞踏会の手帖」が描き尽したことである。わたしが己の初版本を開けてみなかった心境も、あるいはこれに近く、幻滅を味わいたくないという潜在意識のなせるわざだったのかもしれない。にもかかわらず、いくぶんかの気恥しさと恐しさをこめてなお逢いたいというのも俗人のつねなのだろう。改訂の必要もあって、結局は逢ってみることになった。

昔の恋人に逢った結果はどうだったか。たしかにたくさんの痘痕《あばた》も見つかったが、それ以上にその恋人に想い入れていたかつての己の真摯さに直面し、その初心の失せかけたいまの己を恥じた。

すなわち、わたしが『若き北一輝』を新たに書き下ろすにせよ、旧版を超えることはできないだろうというのが、これを改めて通し読んだあとでの卒直な感想である。自画自讃の気味もなくはないが、初心を失いはじめている現在の己と対比してみて、心底からそう感じざるをえない。

想い返せば、この旧版執筆のときには、わずか一ヵ月半のあいだに四五〇枚ほどを書きとばしたものであった。仕上がったのが、三島(由紀夫)自刃の十日ほどあとであったろうか。その集中度だけでもみずから呆れるしかないが、その熱気の点でも、当時のわたしに若き北一輝の熱気に対抗するという意識が潜んでいたとはいえ、現在のわたしを羨《うらや》ましがらせずにはおかない。

(一九七三年、現代評論社刊)

風土からの黙示　伝統的アナキズム序説

房州の鴨川からバスで三十分も奥に入ったところに、釜沼という停留所がある。その周辺に家は二軒ほど。ぐるりを見渡しても、青々とひらかれた水田のところどころに、ぽつんぽつんと寂しく家がみえるばかりだ。そこを左に折れると、すぐにくねくねとした上り坂である。山あいの道を小さな川にそって二十分も歩くだろうか。小高い丘の中腹に、一軒の家影がみえる。かつて、原亀太郎つまりのちの高橋亀太郎がすまいした家である。

原はこの家に養子として入ったころ、政治運動から身を退けたようである。いや、身を退けるもなにも入籍後五年にして他界しているから、入籍前後に何をしていたかほとんど不明である、というのが実際の話なのかもしれない。つまりかれは、明治二十二年八月に入籍し、二十七年九月に没している。まだ三十三歳という若さだった。

いま高橋家には、かれの明治十四年から十七年十月に至る日録が残されている。養父・安蔵の手をへて、今日に伝わったものだ。それによって遙かに推測するところでは、かれは明治十七年（一八八四）九月に加波山《かばさん》蜂起に失敗した富松正安がこの地に逃れてきたあと、思うところあって、政治運動から身を退けた。それまでは、かれは山田島吉や佐久間吉太郎らとならぶ、この地方で有数の自由党員であったのだ。

さてしかし、この原の日録がなければ、この地に長狭自由党があったという事実さえ、わたしは知らぬところだった。ましてや原が山田島吉の不敬事件の弁護側証人となっていることなど、知るよしもなかった。原亀太郎は早い時期に死んだこともあって、その血縁のものたちを除けば、この地方の老人たちさえその名を知らぬ。克明な歴史家がいれば、明治十五年に不敬事件をおこした山田島吉のことは、いずれ世に知れよう。加波山事件を調べるものがいれば、富松正安を匿《かくま》った佐久間吉太郎の生涯についても、いずれはわかろう。

が、早くも政治運動から身を退け、山中に死んだ原亀太郎についてはどうか。

おそらくは地に埋もれつづける。それでいいのかもしれないという諦めに似た想いも一方に去来するが、いや、そうであってはならぬ、言葉とならなかったかれの肉声を聞いておかねばならぬという渇きにも似た思念に、いまのわたしは捉われつづけている。

大正九年(一九二〇)六月、柳田国男《やなぎたくにお》は佐渡ヶ島に渡った。この旅の途中に茅原鉄蔵という老人が訪ねてきた、とかれは「佐渡一巡記」に書いている。それによれば、茅原はこのすこしまえに柳田らが出していた『郷土研究』の寄稿者であった。茅原はむづかしい原稿を書いて編輯《へんしゅう》者を困らせたが、書き直すと文句をいった。で、「よっぽどわからぬ人だろう」と思っていたが、逢ってみると、七十いくつにもかかわらず壮年のごとくで、実にものわかりがよく明敏でさえあった。それゆえ、柳田は「斯《こ》ういふ前世紀教育の完成した人から、文書の採集ばかりを続けて居たのは損失であった」と、思い至るのである。

柳田が「佐渡一巡記」を書いたのは、昭和七年(一九三二)のことである。すなわち、かれが「民間伝承論」を唱えはじめた直後のことであって、こういう茅原のごとき人物こそ民間伝承の宝庫である、と改めて憶いだしたにちがいない。

そしておそらく柳田は、こういう人物たちを素材にして、いわゆる〝常民〟という抽象概念を生みだすことができたのであったろう。

ところで、わたしの拙ない記憶によれば、茅原鉄蔵は明治十年代しきりに自由民権運動に奔走していた。明治十七年九月に新潟で開かれた自由党員の「北陸七州懇親会」にも、佐渡を代表して出席していたはずである。その茅原鉄蔵が三十年ちかくのちには、『郷土研究』の寄稿者にもなり、柳田から民間伝承の宝庫とさえみなされている。

とはいえわたしは、茅原が過去に民権運動に関わったことがあるという事実をもって、柳田の茅原に対する印象および評価を覆えそうと意図しているわけではない。ただ、政治に何かを賭けようとしたものと、常なる営みに従う民びととを、そのままで重ね合せてしまうことを拒みたいだけだ。

さよう、わたしは茅原の三十年間がいかなる軌跡をたどったかを、知りたいのである。知ることによって、その軌跡のもとに埋められたかれの想念の方向をたしかめてみたいのである。

無数の原亀太郎の肉声や、無数の茅原鉄蔵の想念の方向が、「ナショナルなアナキズム」という、おそらくは論理矛盾の言葉をわたしに記させた。二年まえのことである。わたしはそれから二年間に、この論理矛盾はわたしの表現力の欠如から来ているのではなく、民衆のエートスのありかたそのものから来ているということに、気づいた。

その結果、民衆のエートスを表現する既成の概念は、信用できないという事態が生じた。こんなときわたしがみずからの励ましとしたのは、大塚久雄《おおつかひさお》（経済学者・歴史学者）氏の「現実の地形と地図とがくいちがっているとき、誤っているのは当然地図のほうであって、断じて地形のほうではない」という言葉であった。あまりにも当然すぎることではあるが、忘れたくない言葉である。

〝孤島〟とわたしが呼ぶ逃亡不可能な場処にすむわがくにびとたちの、現実に対する抗いは果敢なくも敗れつづけ、敗れつづけることによってかれらの心はくろぐろと閉ざされた。だが、その閉ざされた心がその閉ざされた心自身の否定をも希っていることを、ひとは知らねばならぬ。果敢なくも敗れつづける抗いを「コンミューン」とかりに呼ぶなら、自身の否定をも希うという想念は「アナキズム」とでも呼んだらよいだろうか。

コンミューンとアナキズムの内的関連については、かつて「コンミューンの本質と可能性」という二〇枚ほどの文章に書いたことがある（『自動車とその世界』一九七三年八月号）。「現代のコミュニティ」という特集のもとに、コミュニティとコンミューンとの相違を論じるのが、該文の目的であった。

「バクーニンというアナキストによれば、ロシアではステンカ・ラージンやプガチョフの下で、自由コンミューンが組織されたことがあるという。すなわち、このコンミューンではすべての土地を共有にし、土地貴族、ツァーリの官吏、僧侶を追放した。一切の抑圧的存在は追い払われたのである。にもかかわらず、ステンカ・ラージンやプガチョフの反乱は革命に至らなかった。その理由を、バクーニンは個々の農民コンミューンが『バラバラ』で、たがいに敵意さえもっていたからだと推論した。かれはそこで、革命を成功させるために、たがいのコンミューンをより大きなコンミューンにまとめあげ、ついには『自由ロシア連合』を形成することが不可欠だ、と謳いあげたのである。ここにはアナキスト、バクーニンの真骨頂がある。

だがいまは、アナキズムの理論および戦略について論ずるつもりはさらにない。ただコンミューンがアナキズムにとって不可欠な理念であることを明らかにするために、バクーニンの説を紹介してみたのである。政治的に自由で経済的に平等な共同体を、理念と呼んだ理由はほかでもない。バクーニンによればステンカ・ラージンやプガチョフによって実現されたというコンミューンを、わたしは実現されたとは視ないからである」

さよう、コンミューンとはアナキズムにとって不可欠な理念であった。つづけて、わたしはこうも言っている。「しかり、コンミューンとは一つの幻である。ひとが心中に描きつづけるユートピアの写し絵とさえ言いきってしまってもよい」と。

コンミューンの幻を追って、これからもわたしは彷徨しつづけることだろう。野山に埋もれた無名者の碑よ、いつかはおまえの語る言葉を聴き終えてみたい。

（一九七四年、大和書房刊）

竹内好論　革命と沈黙

竹内好《たけうちよしみ》はじぶんの生きかたを、作っては毀《こわ》し、毀しては作る。もし、そういってよければ、不断の自己否定がかれの生涯である。それゆえ、ここには完成がない。完成なぞあってたまるか、というのが、かれの生きざまから導きだされる覚悟である、とでもいったらよいだろうか。

これはしかし、かれが挫折をくりかえしてこんにちに至っている、という謂《い》いではない。たしかにかれは何度も挫折を味わってきているが、結果としての挫折にたいした意味はない、というのがわたしの考えである。

むしろ、かれの生きかたそのものが挫折を必然とするような生きかたなのである。すなわち、かれは時代に対峙する生きかたを、時代そのものから洗い出してくるのである。はじめに固定的な生きかたの原則があって、その根本原理から時代状況に対応する態度を導きだすのではないのである。

思想のありようについても、同じことがいえる。ひとたび創造された仮説は、かれが当面解こうとしていた現実に対してのみ適用され、次の局面ではそれをふたたび用いない。新たな現実を解くために、かれはまた新たな仮説を創造して、これにむきあうのである。かといって、さきに創造された仮説が役立たずとして揚棄《ようき》されたのではなくて、それはすでに次の局面では前提とされてしまっているのである。

つまりかれの思想は現実にむきあうたびに、それと格闘し、そこからいくつかの仮説をえて、あらわれかたを変容させるのだ。そしてそういう変容が可能になるのには、かれがじぶんの思想につねに懐疑の目をむけているからなのであろう。

思想と仮説の関係性については、わたしにひとつ憶い出すことがある。

三年ほどまえ、ちょうど『朝日ジャーナル』に「近代日本と中国」の連載がつづいているときで、わたしの「中江兆民と頭山満」がでてからまもなくのころであった。何かの機会に橋川文三氏が「好《ハオ》さんがあの論文はちょっとまずいといっていた」と教えてくれた。

わたしとしては、この論文はなかなかスッキリ書けたと自負しており、そのまえに書いた「幸徳秋水と北一輝」より出来がよいようにおもっていたから、ちょっと意外だった。おそらく気が弱くて感情が表情に出やすいわたしの顔が、サッと蒼ざめでもしたのだろう。橋川氏はあわてて「いやそんな大げさな批判じゃなくて、図式としてはよく出来ているけれど仮説がないというふうな評だった」と付け加えた。

その後、何度かこの論文を読みなおしているうちに、わたしは竹内好の評のほうがわたしの自負よりも正しい、とおもうようになった。

たしかに出来上がりはまえの論文よりスッキリしているかもしれないが、これは竹内好らが作った仮説をうまく応用したものにすぎなかった。そこに新たな仮説のひとかけらもふくまれておらず、他人の作った仮説を上手に使っただけなら、出来上がりがすこしばかりスッキリしたところで何の価値もないだろう。価値がないというのは、竹内好にとってもそうであるが、より、わたしにとって、ということである。

つまり、その論文はわたしが歴史的現実と格闘した結果生まれたものではなく、紙上で既成の仮説を借りて論理を組み立てたものだった。歴史的現実のなかで自己の思想を検証、いいかえれば洗い出していないのである。おそらくそのことを竹内好は、まずいといったのにちがいなかった。

そのことがあってから何日かたって、わたしはかれと会った。橋川氏もいっしょだったが、その論文に関しての話はべつに出なかったように記憶している。ただ、「あまり書きすぎないように」と忠告された。これはおそらく知っていることを書くだけならたくさん書けるだろうが、なかにひとかけらの仮説もふくまないような論文ではダメだ、という意図での忠告だったのであろう。

しかし、そう忠告するときのかれは、とても優しかった。竹内好が思想に対して厳しく、人間に対して優しいというのは、ほんとうだな、と改めておもったことである。

私事はさておき、竹内好が新たな現実にむきあうたびに、そこからいくつかの仮説をえて、じぶんの思想のあらわれかたを変容させてゆく思想家であるとするなら、こういう思想家は体系をもちにくいはずである。体系化の欲求はつよいが、かれはついに体系を作りえないのではないだろうか。

というのは、思想の体系がつねにゾル・ゲル転換を運動していて、その形を変えつづけているからだ。体系にかわって、あるのは混沌《こんとん》である。それがむりに体系化されるとき、たとえていえば〈混〉と〈沌〉とに通気のパイプが引かれるとき、かれの思想は硬直化し、その結果死に至るだろう。

たぶん羽仁五郎《はにごろう》（歴史学者。『明治維新史研究』など）だったとおもうが、体系のない思想はダメである、というふうなことを述べていた。これはかなり正しい指摘といえよう。ただ、体系化された思想が解きえぬ新しい現実に直面したときに、みずから体系をつきくずして、その現実をも解きうる体系を新たに一から作り直せない思想家はダメである、ということも同時にいえるのではないか。

思想家にとって大切なのは、おそらく自身の体系であろう。けれども、ほんとうに大切なのは、思想の体系よりも現実そのものにどう対応できるか、なのではないか。地図と地形をみくらべて、「この地形はまちがっている」といったら、およその人びとは笑いころげるだろう。にもかかわらず、「いや、オレの地図（体系）がまちがっているはずがない」と固執する思想家が、世には往々にしてあるのだ。これはもう思想家なんてものではない。

とすれば、思想家にとっては思想の体系化が第一義であるとする説は、当然、訂正されねばならぬだろう。どのように訂正されるべきか。いうまでもなく、現実が第一義である、と訂正されるべきなのである。

ところが、現実が第一義であるのは、なにも思想家にかぎったことではない。革命家にとっても小説家にとっても生産者にとっても、同様なのである。としたら、これは生きとし生けるものすべてに共通することであって、思想家にとって第一義のことであるとはいえない、という説も成り立ちえよう。けれど、わたしにいわせれば、思想家がその第一義たる現実を忘却してしまったがために、知識人＝専門バカという末期的症状がこんにち生じたのである。

いまわたしは、思想家と知識人とを、ほぼ同義語に用いた。なぜならば、知識人は思想によって現実に対峙するからである。これに対して、民衆は生活によって現実に対峙するが、それは民衆に思想がないという意味ではなく、民衆の思想は生活（実業）のありようとして顕在化する、ということだ。このとき、知識人の思想は文字化された思想（虚業）として顕在化されてくるわけだ。

ちなみに、この民衆と知識人との分岐を徹底的ならしめたのが、近代というものにほかならない。その意味でいえば、生活からきれていない思想は近代以前のものである、といってもよいだろう。

†

——いまでも「浮浪児収容法」という法律は残っているだろうか。昭和四十二年二月には、この法律はたしかに存在していた。それ以後、廃止されたという話もきかないから、たぶん存続しているのであろう。

わたしがこの法律の世話になったのは、何度目かの隠岐島行の帰り道において、だった。それが、昭和四十二年二月末という日付である。正確には、岡山県高梁《たかはし》市の市役所にいってみれば、わかるはずである。わたしがこの法律の適用をうけたのは、この市役所において、だったからである。

松江から伯備《はくび》線経由の列車で東京へむかったが、どうも空腹でしかたがない。東京ところが、わたしのポケットには駅弁を買うだけの金も残っていなかった。東京はおろか、大阪まで空腹に耐えることができるかどうか、それさえおぼつかなかった。意気地のない話だが、いったん空腹が気になりだすと忘れることができにくいものである。

　このとき、わたしはじぶんの姉が伯備線の高梁市に住んでいることをおもいだした。こうなると、頭のなかは姉のところでメシを食べさせてもらう考えだけでいっぱいで、もし不在であったらとか、住所を正確に記憶していないとかの不安材料を、想い浮かべることさえしなかった。

　高梁についたのは、すでに夕刻である。一時間ほどかかって、やっと姉のところを尋ねあてると、そのとき姉夫婦は不在であった。同市ばかりでなく、関西方面には知ったひととてなかったので、町のなかを歩きまわって時間をつぶし、帰宅を待ちつづけたことである。けれども、姉夫婦はいっこうに帰ってくる気配がなかった。東京方面にゆく列車はすでになく、わたしはじぶんの思慮の浅さを顧みることなく、姉の薄情を呪ったものだった。

　いろいろの手段をつくしてみたが、どこでも泊めてくれるとはいわなかった。最後に、市役所の宿直のひとが「じぶんと同じへやでよかったら泊めてあげよう」といってくれた。このときほどホッとしたことはなかった。そればかりでない、そのひとはわたしがひもじそうにしているのをみてかわいそうにおもったのだろう。「これに名まえを書けば三〇〇円を支給してやれるが」といって差し出したのが、浮浪児収容名簿というものだった。当時、三〇〇円というと駅弁がふたつ買えたから、わたしは大喜びでこれに署名したものだった。

メシが食えるとおもうと、現金なもので、「二十一歳で浮浪児というのもおかしなものですね」などと無駄口さえたたいたはずである。ともあれ、これが「浮浪児収容法」という法律が存在することを知った機縁にほかならなかった。

さてしかし、じつをいえば、わたしは浮浪児収容法のことを語るために、この憶い出話を書いたのではない。わたしが語りたかったのは、竹内好との最初の出会いについて、である。すなわち、わたしが竹内好のことを考えると、かならずといってよいほど、浮浪児収容名簿に署名した経験を、苦笑とともに想い浮かべるのである。

というのは、その経験を生みだす隠岐島行が、もとはといえば、竹内好の「中国の近代と日本の近代」を読んだことによって衝動的に計画されたものであったから、だ。

わたしが衝動的に隠岐島に行く気になったのは、隠岐島コンミューンに「人民側の文献」がないことを指摘したE・H・ノーマン（カナダの日本史研究家・外交官。『日本における近代国家の成立』など）の一行が「日本の学問全体を批判している」とする竹内好の解読に、ふかく心を揺すられたことによっている。もちろん、それまでに竹内好の文章を読まなかったわけではないし、むしろ愛読さえしていたはずである。ただ、思想としての竹内好との出会い、ということであれば、やはりこれが最初のものだったろう。

衝動的に隠岐島にでかけたところで、「人民側の文献」がみつかるわけでもなかろう。いや、それ以前に、わたしは官庁史料だって目を通していなかったのである。そしてまた、竹内好がそう書いてから十数年の月日がたっていて、そのあいだに隠岐騒動に関する研究がどれほど進んだかという基礎調査さえ抜きに、わたしは隠岐島へと旅立った。人民側の文献がないなら、人民の伝承をきくしかないではないか、と高慢にもおもったのかどうかは、すでに定かでない。それほど確かな方法論をもって旅にでたのではないような気がする。

それはおそらく、竹内好が「日本の学問全体を批判している」と書いたことによって、わたし自身が批判されていると意識したからなのであろう。これはわたしの稚さを語ってあまりあるが、結果として、その意識にうながされて「歴史という闇」に足をふみいれたのだから、ある意味では、稚いということは尊ぶべきことであるかもしれない。

最初の隠岐島行は、おそらく昭和四十年二月末のことであった。みぞれまじりの寒い日々であった。それ以来、毎年二月末になると、雪の消えやらぬ隠岐島の情景が慶応四年の〝隠岐騒動〟の連想と相俟《あいま》って、わたしの目のまえにちらつくようになった。

かくして、わたしは四十二年二月の旅をもふくめて、何度か隠岐島を訪れ、そのはてに「隠岐島コンミューン揺曳」(四十六年五月)という文章を書き、ついには『孤島コンミューン論』という単行本を上梓したりもした。それもこれも、竹内好の論文を読んだことがきっかけである。

ただ、最初の隠岐島行が衝動的に計画されたせいからか、それ以後の旅もおよそ発作的に出発されるようになった。そのため金銭的な余裕などあるはずもなく、四十二年二月のばあいのように、松江で東京行の切符を買ったらポケットが空になっていた、という事態も起こったのである。

ともあれ、浮浪児収容名簿に署名したことなぞがあったため、四十二年二月の旅はとくに印象ぶかく、わたしが竹内好のことを考えると、反射的に浮浪児収容法を憶いだすというぐあいになったのである。

『孤島コンミューン論』の初発の動力が、竹内好によって与えられたものであるというと、おおよそのひとは怪訝《けげん》な顔をしたものである。そうして、「『北一輝論』ならわかるが」というのだった。はじめは、詳しく説明を加えてみたものだったが、そのうち面倒くさくなり、やめてしまった。

「なるほど」と同意してくれたのは、橋川文三氏ひとりであった。橋川氏はそれ以前に、「いちど竹内さんに逢ってみたらどうですか」といってくれたことがあった。わたしは「まあ、そのうち」とか、「恋人には逢わなくてもいいのではありませんか」などと言を左右にして応じなかった憶えがある。

わたしが竹内さんに逢ったのは、昭和四十七年の秋が最初である。なお、このときは、のちに『革命的ロマン主義の位相』に収めた「竹内好論――日本浪曼派の自己否定」を書き終えたばかりであったので、初対面の恋人に逢うことに、それほど気後れしないですんだ。

もっとも、その四〇枚ほどの竹内好論を書きあげるのに、わたしはひと夏かかった。それよりまえ、『辺境』の編集人でもある井上光晴《いのうえみつはる》氏に別の原稿を届けたところ、「いま何の仕事をしていますか」とたずねられたので、ある出版社から『「竹内好論」集』を編集・解説して出す予定になっている旨、答えた。すると、井上氏は「じぶんで竹内好論を書かないのは不埒《ふらち》だ」とか何とかいって、結局わたしに竹内好論を『辺境』に書くことを承諾させてしまったのである。

その結果、ひと夏の苦闘を余儀なくされたわけだが、『「竹内好論」集』を出すはずだった出版社がおりからの紙不足とか物価騰貴とかで、同書の出版を断念してしまった（らしい）ので、わたしの論文は同論文集に収められることはなかったのである。解説も別に書き終える予定だったが、二〇枚ほど書いて放りだしたままにしてある。その内容を本論に生かそうかともおもったが、問題意識がずれるといけないので、あえてそうしなかった。

ところで、わたしが竹内好論を改めて長いものとして書いてみようとおもったのは、「竹内好論――日本浪曼派の自己否定」が不十分だった、という消極的な理由からではない。そうではなくて、わたしがこれまでに書いたいくつかの著書は、それぞれに竹内好の提出した仮説に関わっているが、それらを一度まとめて全体的に考え直してみよう、という積極的な理由からである。わたしの著書名をいくつか挙げたのは、別に宣伝ということではなく、それらが竹内好の提出した仮説に何らかのかたちで関わっていることを示すため、であった。

もちろん、いまこの時点で、それらの仮説を全体的に考え直してみようとすることは、その仮説によって構築されている竹内好の思想を正確に把握する作業を不可避とするだろう。そうしてその把握は、思想としての竹内好を内部に生かし、かつそれを否定するものとしての〈沈黙〉を、竹内好自身の手によってでなく、ほかならぬわたしらの手で打ち破ろうとするための第一歩である。

わたしはまずこの第一歩からはじめねばならなかった。しかし、わたしがこれまでに書いたものを超えるためには、これまで暗黙の前提としていた思想としての竹内好を、いちど擲《なげう》たねばならぬのは、理の当然である。つまり本論は、わたし自身の自己否定のためにこそなされるのである。

ただ、この作業はきわめて難航した。昨（四十九）年の三月には、いちおう本論を書き下ろしはじめたのだが、病気のため中止し、その後一年というもの気がおもくて、再開する気になれなかった。今年の三月に作業を再開しようとすると、またまた病気になった。

おもうに、この病気は、もし竹内好論を書かないで済ませられるなら書きたくない、という半ば心理的な病いだったような感じがしないでもない。誰だって、じぶんが暗黙の前提としている思想を擲つのは、苦痛にちがいないから、である。

さて、わたしが竹内好の論文に刺激されて、はじめて隠岐島に渡ってからでさえ、すでに十年という歳月が過ぎ去った。その十年、わたしは始終、竹内好という先達《せんだつ》に導かれて歩いていたような気がする。その恩義にむくいるためには、思想としての竹内好を内在的に批判することが不可欠であるが、本論がよくその第一歩を刻みえたかどうか。

ともあれ、わたしの二十代は、本書にて終わる。いいかえれば、わが序曲はこれにて終わる、ということだ。もっとも、ときには序曲のままあとが跡切れることもあり、また序曲のまま汚れに染むという事態もある意味ではよいのかもしれない、などとおもったりもしている。のちのことは、神のみぞ知る、というところであろうか。

——思想は論理である以上に、生きかたの問題である。主体のエートスの問題である。おもうに、ひとは思想によって生きてゆくのではなく、生きかたそのものが思想なのである。いかにも、わたしの思想に対する考えかたは古いかもしれない。けれど生きかたそのものに思想をみずして、どうしてひとの沈黙のなかに言葉をみることができようか。光の背後の闇をみることができようか。生者の足元に無数の死者の影をみることができようか。

「文学者は革命家に代わりえぬし、知識人は民衆に代わりえぬ。第二階級は第三階級に、第三階級は第四階級に代わりえぬ。そして日本人は支那人に代わりえぬ。代わりえぬとき、ひとは他者の存在を視野におさめつつ、それぞれの場所で、それぞれの生きかたをせねばならぬ」——としたら、最後に問われるのは、もっとも簡単な、生きるかたち、にほかならない。そして竹内好は、このときみずから、不断の自己否定の道を選びとったのである。

(一九七五年、第三文明社刊)

8

ドストエフスキイと日本人

かつて、ベルジャーエフは次のように語った。

「ドストエフスキイを入念に読むことは、人生の一事件であって、精神はそこから火の洗礼を受ける」(『ドストエフスキイの世界観』)

おもうに、ひとりのひとが、その一生でドストエフスキイの文学と邂逅するかどうかは、まったくの偶然に属する。にもかかわらず、そのひとがドストエフスキイの文学から、ベルジャーエフ(ロシアの哲学者。宗教的実存主義を説いた)のいう「火の洗礼」をうけるかどうかは偶然に属する事象ではなく、そのひとの内部にそれを邂逅と受けとる土壌が存在しているかどうかという、いわば必然に属する事象なのである。ドストエフスキイの文学のなかで重要な役割を占めている偶然の出来ごとというのも、やはりこの意味において理解されるべきである。

ラスコーリニコフがマルメラードフやスメルジャコフに出あうのは、まさに偶然であるが、出あった相手のなかにマルメラードフやスメルジャコフという精神体を見いだすのは、ラスコーリニコフがその深層心理のうちにこういう精神体を潜ませていたからにほかならない。マルメラードフやスメルジャコフはラスコーリニコフの分身にすぎない、という表現さえあるいは可能である。

さて、日本の近代文学史上に現われては消えてゆく数えきれないドストエフスキイ教の狂信者たち（それはまさに憑《つ》かれた人びとと呼ぶにふさわしい）を、わたしたちは知っている。かれらはドストエフスキイの顔に、その文学に、その文学の背負いびとであるラスコーリニコフに、イワンに、スタヴローギンに魅せられている。かれらは各々の資質と歴史と社会的立場とに応じて、それらの登場人物に共鳴し、涙し憤怒し惑溺《わくでき》するが、それはすべて自己の内部にうずまく欲望や憧憬や不安や恐怖などの観念を、ドストエフスキイが諸登場人物によく形象化しえているからである。

ドストエフスキイの文学に邂逅するとは、いわばこの自己の内心に対面することであり、それはひとにとって必然の出あい以外の何ものでもないだろう。

ドストエフスキイの文学とは、ひとことでいえば、かれそのひとの脳髄深く荒れ狂う詩想の表現である。それゆえここには、文学以前の、あるいは文学胚胎《はいたい》の息吹《いぶき》がある。

わたしがドストエフスキイに魅いられたような状態に陥ったのは、大学を卒業して民間の企業に勤めているときのことであった。それまでにかれの作品を読まなかったわけではない。が、読んだ作品はわずかに『白夜』『永遠の夫』『賭博者』『罪と罰』ぐらいのものだった。じつのところ、かれの作品は少々長すぎたし、『カラマーゾフの兄弟』に至っては、その片仮名《カタカナ》文字の題名が気にいらなかったという理由だけで読む気をなくしていたのである。

そのころ月給生活者のつねで、給料日あとには金銭的に若干の余裕があり、駅の近くの本屋の壁に分厚い『悪霊』（小沼文彦訳）が飾ってあるのを見たとたんに、それを買いたくなった。学生のときには高価すぎて買えなかった本であった。いまなら買えると思ったとたん、それを読み通してやろうという気がおこり、買い求めた。

そのころわたしは『戦後文学私論』なる論考を書き継いでいたが、その過程で、どうしてもドストエフスキイを読み終えておかねばならないという気がしきりにしていたのである。埴谷雄高《はにやゆたか》や椎名麟三《しいなりんぞう》らがドストエフスキイと結縁《けちえん》していることも、おぼろげながら感じとっていた。とはいえ、当時のわたしは『死霊』理解のうえで『悪霊』を読まねばならないという功利的見解をこえていたのではなかった。たしかに荒正人《あらまさひと》の戦後の出発を告げる号砲『第二の青春』は、当時のわたしの胸をあやしく騒がしていたが、それとても戦後文学が第一義的であり、なにがなんでもドストエフスキイ、という狂熱とは別ものであった。だが『悪霊』を読みはじめることによって、このバランスは逆転したのである。

ドストエフスキイへの惑溺《わくでき》が深まってゆく過程で、戦後文学はドストエフスキイの予示なしには開花しなかったであろうということに、わたしは気づいた。と同時に、戦前の小林秀雄《こばやしひでお》と三木清《みききよし》との対談「実験的精神」で、「もう一度ドストエフスキイがもてはやされる時がくる」と、予言されたことがあるのをおもい出していた。その予言は、ある極限状況下でドストエフスキイをまじまじと見つめたものにのみ可能な言葉であった。

わたしはドストエフスキイの諸作品を読みあさりながら、かつてわたしのように、いやわたし以上に、ドストエフスキイ熱に罹《かか》ったひとがいるであろうことを確信できた。それらのひとの名の若干をあげることもできた。埴谷雄高、椎名麟三、小林秀雄、森田草平《もりたそうへい》、島崎藤村《しまざきとうそん》、ちかくは井上光晴《いのうえみつはる》、高橋和巳《たかはしかずみ》の名もあげることできよう。いずれにもせよ、かれらはかつてドストエフスキイの毒液にどっぷりと浸ったことがあるにちがいなかった。

だが、わたしと同じようにドストエフスキイに憑《つ》かれた人びとは、そこに何を見いだして金縛りにあったのか、そしてなぜドストエフスキイだったのか。むろんこの問いかけが、とどのつまり文学とは何かという問題に収斂《しゅうれん》されていくであろうという予感を、わたしが抱かぬわけではない。本書を読まれるひとは、文学とは何かを自問して、途方に暮れているわたしを随所に見いだすことであろう。

にもかかわらず、わたしは語っておかねばならぬのである。近代日本における〈政治と文学〉、〈思想と幻想〉、〈社会と個人〉、〈近代と反近代〉、それらの相剋《そうこく》のさまを、そしてそれらの問題がついにドストエフスキイとは何かという問題から、文学とは何かという問いにまで遡り、突きあたって、それが現代とそのなかのわたしたちに、はね返ってくるさまを、見てみたいのである。

　むろんそのことが最終的には、おまえの存在は何であるかという手痛い難問《アポリア》を、わたし自身につきつけてくるであろうという予感をいだかぬわけでは毛頭ないのだが、それでもなお語っておかねばならないのである。

†

——死にざまを想定しない生きかたなぞ、およそ無意味である。にもかかわらず、まさに死にざまを容易に考えることのできぬ現在を、わたしらはこんにち生きる破目に陥ってしまった。

　どうしてこんにちが死にざまを考えることのできぬ時代になってしまったのかについて、論理的に述べる自信がいまのわたしにはない。なぜなら、この混迷の真っただ中に、ほかならぬわたしが現在あるからである。状況のなかにあるものに、その状況を歴史的に把握することは、至難のわざである。もし把握することができるとするなら、そのとき混迷の闇は切り裂かれ、そこに一条の光がさしこんでくるはずである。

ところが、一条の光はまだわたしら（すくなくとも、わたし）には、みえていない。この闇のなかにあって、現在のわたしら、すなわち第六番目にドストエフスキイに憑《つ》かれた世代のことを、歴史的に語るなどという作業は、およそ不可能である。わたしにできることといえば、過去にドストエフスキイに憑かれた人びとの憑かれようと抗《あらが》いざまを明らめることによって、自己解明の一助とすることだけである。

かつて石川啄木は、じぶんの幼な娘に「ソニヤ」というロシア名をつけて、ひそかに呼んだ。それは、かれが昏《くら》く重苦しい明治末年にあって、必死に一条の光を冀《こいねが》ったがゆえの命名であったろう。つまり「ソニヤ」とは、神に見放され地に呪われた啄木にとって、みずからを救済する何かだった。はたして、第六番目にドストエフスキイに憑かれたわたしらのまえに、ソニヤは現われ出ずるや否や。そんな願いを籠《こ》めて、わたしは本論を書きつづけた。

想い起こせば、本論を草しはじめてから、すでに七年という歳月が過ぎ去っている。当時、わたしはある企業を罷《や》めたばかりで、妹とともに、本郷菊坂に下宿していた。六畳一と間の北向きの部屋に立てこもってばかりいたわたしに、妹は

「そんなお金にもならないことを、よく毎日書いていられるわねえ」と、半分からかい気味に、半分感心まじりに語ったものである。

菊坂の下宿生活は一年ほどしか続かなかったが、いまでも懐しく憶い出される。歳月というのは、すべてを懐しさの極へと押し流してしまうものなのであろうか。わたしは目が疲れると、よく石造りの坂道をのぼって、そのうえから菊坂の小さく古びた家並みを見下ろした。石段の中途に桜の木があり、春も暮れかけたある日、はらはらと桜の花びらが舞いおりていて、その淡い桃色が黒くくすんだ後景と微妙に透《と》けあっていたのを、いまも妙に鮮やかに覚えている。

その日かどうかは定かでないが、とにかく春の暮れかけたころ、わたしは本論をいちおう書き終えた。註や文献目録や年表を加えると、六〇〇枚ちかくになっていた。本論と並行して書き進めていた北一輝に関する二つの論文のほうは、はじめからどこかに発表するつもりであったが、本論のほうはべつに発表しようとおもって書きためたわけではなかったから、そのころ親しくしていた友人ひとりにみせただけで、本棚の奥にしまいこんだままでいた。

ところが、菊坂の下宿をひきはらってから半年とたたないうちに、わたしの身辺にひとつの変化が生じた。それは、北一輝の二つの論文がきっかけとなって、『若き北一輝』という単行本を書き下ろすことになったからである。

かくして、本論のほうは本棚の奥にしまいこまれたまま一年を経過し、その後、当時わたしが在席していた大学院の小田切秀雄《おだぎりひでお》氏のすすめで、修士論文の代わりをつとめることになった。

大学図書館かどこかの倉庫のなかで眠っていた本論を、ふたたび憶い出したのは、三年まえのことである。そのころ関係ふかかった『ピエロタ』という雑誌が、ドストエフスキイ特集を編むことになったので、何か書いてみないかといわれた。結局その特集号には間に合わなかったのだが、そのことがあったために、旧稿を借り出して、改めて目を通してみることになった。そして、これに手を入れ直して『憑かれた人びとの群――近代日本とドストエフスキイ』として掲載させてもらった。このとき、本論の序章にあたる部分が新たに書き加えられたのである。

けれども、この序章と第一章の半ばまでを第一回分として掲載したあとで、『ピエロタ』は折りからの紙不足や物価高の直撃をくらい、廃刊になってしまった（現在刊行されている同誌は、所有者・編集者を異にする）。じぶんの文章がのっていたからいうわけではないが、なかなか面白い雑誌だったのに、惜しいことをしたとおもう。

さて、雑誌廃刊にともなって、手を入れ直す作業のほうも自然と放棄されたが、第一回分を読んだ二、三の友人が、「あとどうなるのだ」と尋ねてくれたことが、わたしに激励の言葉としてきこえた。それゆえ、時間があれば、全部に手を入れ直しておきたい、と考えるようになった。そこで、このたび朝日選書の一冊として出してみないかといわれたのを好便に、作業を再開したのである。

だが、この作業は予想していたより、はるかに大変だった。まず全体を四〇〇枚程度に縮めること、そして言葉遣いを選書向きにできるだけ平易に改めること、このふたつが最も大きな苦痛だった。数百項目におよぶ註や文献目録や二十数ページの年表を削除したことにより、それらのうち必要事項を本文内に挿入しなければならない。しかも、その本文を短縮せねばならないのである。いちど書いた文字を削るのは、生まれた分身をふたたび闇に葬むるようで哀しかった。

また、言葉遣いを平易に改めるのは、七年まえの己を否定するばかりでなく、現在の己とも違った人格を創りだすようで、違和感さえおぼえた。もちろん、どうしても改める気になれないものについては、自説を主張してやまなかったので、ずいぶん頑固なひとだ、と担当者もあきれたにちがいない。

そんな苦痛にもかかわらず、これらの作業を遂行したのは、菊坂にいた当時のじぶんがいとおしかったからではない。それだけだったら、旧稿のまま手を加えずに、みずからの傍らにおいているほうがよかったろう。そういうナルシシズムの傾向はわたしに強いが、いまはそれに溺れるよりも、第六番目にドストエフスキイに憑かれた世代のひとりとして、いったいわたしらはいかなる存在か、そしてどこにゆこうとしているのかを明らかにしたい、という欲求のほうがはるかに強い。この自己解明のために、本論を役立てたいとおもったのである。

本論のなかで引用した諸家の文章については、正確を期したつもりだが、ノート稿、初稿、訂正と数次の段階をへているため、誤りも多いことだろう。

これについては、かつて図書館歩きをして、筆写をしていたときの精力がいま一度あったら、とおもうものの、おもうばかりでからだが動かない。「ああいうすざまじい精力はいったいどこに潜んでいたのだろう」とこのごろ考えることが多い。答えはきまって同じだが、口に出したくない。秘密めかしているのではなくて、口に出すくらいなら、それを奪還すべく努めればよいのである。

ともあれ、本論のごときものを書こうと思いたったときから、かなりの歳月がたっているので、そのあいだにこれに関わったひとや情景のひとつひとつに、憶い出が付着している。それらを記していたらきりがないし、懐しさの底には、まだまだ治りきっていない傷も多い。それに、わたしはまだ憶い出を事とするような歳ではない。

ただ、本書の成立に関わったすべての人びとに、お礼の言葉を述べておきたい、とはおもう。すべての人びととは、わが妹から本書の活字を拾ってくれたひとまで、という意味である。おもうに、かれらのひとりが抜けても、本書が現在あるようには、出来上がらなかったであろうからである。「かれ」がいなくとも、代わりの「かれ」がいたであろうなどという説を、わたしは信じない。

これは、本論に登場する人物たちにもいえることである。わたしが時代のオリジナリティというものに多く眼を注ぎながらも、近代日本でドストエフスキイに関わったものたちを、ひとりでも掬《すく》い落としたくないと考えたのも、右の発想からすれば当然といえよう。もちろんそのことによって、素材主義に傾いたきらいがないではないし、時代のオリジナリティを希薄にさせた弊があるかもしれない。しかし、そんなことは肝心のことではない。要は、ドストエフスキイに憑かれつづける近代日本のわたしらが、こんにちの混迷の闇をどのように切り裂けるか、そしてそのために、本書がすこしでも役に立ってほしい、ということだ。

本書ができあがったら、かつてわたしが佇《たたず》んだ菊坂あたりを逍遙《しょうよう》してみようかとおもう。失われた「すざまじき」ものを奪還するために。その逍遙のあいだに、はたして、六十数年まえに菊坂あたりに住んだという啄木と、袖をふれあうことになるかどうか。

（一九七五年、朝日新聞社刊）

9

歴史という闇　近代日本思想史覚書

甲斐駒《かいこま》とふつうよぶ南アルプス駒ヶ岳をこえて、仙丈岳のほうへと縦走していったのは、たしかまだわたしが山の単独行に馴れていないころのことだった。駒ヶ岳の山腹にある小屋の朝は早くて、夜中の二時ごろになると、宿泊者がいっせいにもそもそと起きだすのだった。その気配にうながされてわたしも起き、一汁一菜のメシをつくって食べたが、ひとりだけの食事にそう長い時間がかかろうはずもない。一時間ほどのちにはもう出発の用意ができあがってしまった。

こうなると性分で、他のパーティがまだ食事をしているのに、おとなしく小屋にすわっていることができず、そうそうに山頂に向かっていったことである。ところが夜中の三時ごろのことであるから、明かるいようにみえたのは山小屋のまわりだけで、数歩も歩くと、そこはすでに懐中電灯の助けなしには歩行が困難なのであった。それでも一個の懐中電灯をたよりに、照らしだされた岩肌を手さぐりで攀《よ》じ登っていった。

実際にみえるのは、光のあたった目のまえばかりで、わたしはただただ急な斜面をふみはずさないことだけを心がけていた。暗闇のなかで信じることのできたのは、じぶんの手にもった明かりと、この道が山頂に通じているのだというカンばかりであった。わたしが余裕をもって周囲を見回したのは、およそ一時間も登ったあとのことで、そのころには呼吸も足もよほど楽になっていた。

ふと後をふりむくと、あたりは一面の闇で、登ってきた道はもちろん、山容さえ見極められない。ただ不思議なことに、山のはるか下のほうに、ちらちらと光のようなものがきらめいてみえた。懐中電灯や山小屋の灯は暗闇に吸収されてしまうから、あれはふもとの里の明かりだったのであろう。たとえ墨を流したような暗闇であれ、その奥には幾多の光がともっているのだなあ、といたく感心した憶えがある。

ただ、感心する一方で、にもかかわらず、これらの光を吸収し黒く塗りつぶしてしまうのが、闇というものの巨《おお》きさ深さなのかもしれない、とひそかに畏《おそ》れたことである。そういう畏れは、たとえばわたしが五島列島のさる島の山なかにある寺を訪れたときにも、抱いたものである。ちょうど台風の襲ってきたときで、寺から数歩でると、そこはもう真っ暗闇でなにもみえないのであった。蘇鉄《そてつ》の葉が風にひるがえって、ざわざわと音をたてていたが、その姿がいっこうにみえてこないのである。闇がかくも深いものだという実感は、わたしにとっておそらくこのときの所産である。

さて、光と闇に関するかくのごとき相対立する感懐は、つね日頃、わたしが「歴史」に対して抱くふたつの想念と、ほぼ重なるようにおもわれる。風土がひとを育くむ土壌であるとするなら、歴史はこれらの人びとの死を養分にして咲いた華である。死とはいわば闇のなかに塗りこめられたもののことであり、華とは闇を切り裂いたもののことである。そうしてわたしの想念は、死を弔いたいという方向と、華をみつめたいという方向とに、いつも分裂している。

もっとも分裂が止揚されるときが、ないではない。たとえばそれは、薄明《はくめい》の刻《とき》である。暗闇の駒ヶ岳を手さぐりで登りつづけてから、二時間もたっていたろうか。山に薄明の刻が訪れた。黎明《れいめい》といえば、すぐあとにかならず夜明けが待ち構えているのだが、薄明というのは、黄昏《たそがれ》のあとの一瞬もそう呼ぶように、明《あ》くるでもなく暮《く》るるでもなく、地平線下にある陽の反照によって空が透明な白さに染まる現象のことである。それは、闇でも光でもない。

わたしはこの薄明の刻というのが、無性に好きである。とはいえ、なぜ薄明の刻を好きなのかを、じぶんでもあまりよく説明できない。ひとはこんなわたしをみて、闇でも光でもない薄明が好きだなんて、おまえの中途半端が好きだという資質以外のなにものでもない、といって笑うかもしれない。それならそれで、わたしにはもういかんともしがたい。

薄明という熟語は、一説に、わがくにで造られた言葉であるという。そういわれてみると、茫々とした大陸の荒野には、真紅の太陽がぽとんと落ち、そのあと一気に夜がはじまるほうがふさわしいかもしれない。ただ梨洲先生の『明夷待訪録《めいいたいほうろく》』には、この薄明に似たような表現があったような気がしないでもない。そう竹内好さんにいったところ、英語には「トワイライトというのがあったねえ」と軽く一蹴されてしまった。

（一九七五年、第三文明社刊）

10

思想としての右翼

右翼の思想とは何か——。これが本論の主題である。

だが、この主題を語るために、右翼とは何であるか、そしてそれはいかなる時点に成立し、またその後どのような経緯をたどったか、をまず明らかにしておかねばならぬ。つまりそれらは、思想としての右翼を抽出するための前提である。この前提をぬきに右翼の思想を論ずるわけにはいかない。なぜなら、その前提なしには、右翼が支配階級や保守主義者と重なっている現在が、いかに思想としての右翼の頽廃であるか、が了解されないからである。

たとえば、拓殖大学集団未来の編集になる『叛逆の神話』（昭和四十七年）という本がある。この本は、現在擡頭してきているといわれる——わたしには商品化してきているとみえるのだが——新右翼のうちでは、比較的高い水準に達している理論書といえるかもしれない。なおこのばあい、比較的高い水準というのは、鈴木邦男の『腹腹時計と狼』（昭和五十年）などに比較して、という意味である。『腹腹時計と狼』はジャーナリズムに毒された書であって、葦津珍彦などの右翼理論のまえには、何の価値ももたない。「葦津を越えろ」とはいわないが、すくなくとも葦津を越えるぐらいの意気込みがなくて、何の新右翼か――。

さてしかし、さきの『叛逆の神話』の副題は、「反体制右翼の構築へ」となっている。右翼というのは、本来、反体制であったはずなのに、新右翼に属する集団未来が、なぜ反体制右翼を称えねばならぬのか――。ここにこそ、おそらく現在における思想としての右翼の頽廃が、現実的問題として示されているようにおもわれる。すなわち、本来的には反体制である右翼が、支配階級の一端となり、思想的には保守主義者とみまがうようになっているからこそ、新右翼があえて「反体制」を称えなければならなくなったのだ。

そのかぎりにおいては、新右翼が既成右翼の頽廃を越えようとして、反体制右翼を称えている努力は認めなければならないだろう。ただ、新右翼が究極において反体制であるかどうかは、既成右翼との比較においていわれるべきことではない。そうではなくて、現実の体制に拮抗しうる変革思想を新右翼が打ち出せているかどうか、これが問題なのである。そしてそれが打ち出されたとき、結果として、既成右翼は越えられることになるのだ。近代日本における右翼は、いつもそのようにして、反体制の道統を守りつづけてきたのである。
ともあれ、右翼が本来的に反体制であるとは、いかなる謂いか。それを明らかにするためにも、まず、右翼とは何であるか、ここから問題をはじめなければならぬだろう。

戦前の日本を支配していたのは右翼だ、という説がある。これは、おもうに、戦後民主主義のつくりあげた〝神話〟である。それが神話であるゆえんは、戦後の日本を支配していたのが左翼であるという説を対置してみれば、一目瞭然となろう。左翼は戦後の日本を支配してなぞはいなかった。戦後日本の支配者は、進駐軍であり、その進駐軍と結んだリベラルたちだった。かれらは進駐軍と結ぶことによって、はじめは民主化、のちには右傾化をおしすすめた。左翼は、そのはじめの路線上においで、リベラルに利用されただけだったのである。

戦前において、右翼が時代の表面に多くでたのも、これとほとんど同じ理由によって、だった。支配階級はやはりリベラルたちであり、かれらは日本帝国主義の意向に従って、より多く右翼を利用したのである。右翼は左翼よりも、より利用のしがいがあっただけにすぎない。

しかり、戦前も戦後もふくめた近代日本において、権力を握りつづけたのは、右翼でも左翼でもなかった。もしそれらが一時でも権力を掌握しきれていたなら、日本はよきにつけ、あしきにつけ、その思想的旗色を鮮明にしており、その結果、左右翼の思想的激突が生みだされていたろう。

だが、そういう思想的激突は、わずかの個人の内部を除いて、ほとんどといってよいほど起こらなかった。それは、この左右両翼のあいだで、バランスをとることによって権力を維持しつづけたリベラルがあったから、だ。つまり、本来的には自由主義者を意味するはずのリベラルが、わがくにでは保守主義者として立ち現われてきたのであった。

極論すれば、近代日本における政治とは、左右両翼のあいだでバランスをとることだった。リベラルはときに極右を斬り捨てつつ右側に寄り、ときに極左を斬り捨てつつ左側に同調して、権力を維持しつづけた。その平衡感覚を所有することによって、支配階級でありつづけた。かれらは左右両翼のはざまで権力を掌握しつづけ、文明開化の論理、いいかえれば近代化（資本主義化・中央集権化・脱亜化・合理主義化）をおしすすめたのである。

この、リベラルをあいだにはさんだ左右両翼という構図は、しかし、左右翼の原義からは若干ずれるかもしれない。左翼・右翼という言葉は、フランス革命後の議会で、議長の左方の席を急進派ジャコバンが占め、右方の席を保守派が占めたことに由来する、という。その後、急進的ジャコバンの系譜をひく社会主義・共産主義が左翼となり、これに対する民族主義・国家主義が右翼となった。とすれば、保守派と右翼とはほぼ同義語になるはずで、保守派《リベラル》をあいだにはさんだ左右両翼という構図は、当然のことながら、成立しないことになる。

けれども、わがくにでは保守派はかならずしも右翼と同義語ではなかった。保守派はリベラルであって、かれらは左右翼をほぼ等距離においた。それは、わがくにが先進資本主義列強のもとで、遅れて近代化をすすめざるをえなかったという、特殊事情によっていた。つまり、近代化論者であるリベラルが、近代日本の支配階級たることを、この特殊事情によって要請されたのである。そこで、近代化路線をすすめる明治国家体制に対する反対者が、ふたつの方向にわかれることになった。そこつにいえば、「民族」の立場から近代化に反対する右翼と、「階級」の立場から反対する左翼とが、これである。

もちろん、右翼と左翼のそれぞれの発生史からいえば、右翼のばあいには、「民族」の立場のまえに、「国権」の立場あり、左翼のばあいには、「階級」の立場のまえに、「民権」の立場がある、となるかもしれない。が、しかし、明治維新がまがりなりにも近代国家《ネイション・ステイト》の成立を意味するとすれば、〝国家の独立〟をいう国権論者と、〝個人の独立〟をいう民権論者とは、たんに近代国家のイデオロギーをわかちもったにすぎない。かれらはいまだ明治国家の反体制派ではなく、明治国家体制の補完者にすぎない。

というのは、国権論者も民権論者も、福沢諭吉の『通俗国権論』（明治十一年）にある「民権と国権とは正しく両立して分離す可《べか》らず」という、近代国家《ネイション・ステイト》（国民国家）のイデオロギーの一端を、わかち主張しているにすぎないから、である。これは、国権も民権も確立していない明治初期にあっては、ともに明治国家体制の補完者といえた。国権論者と民権論者を、右翼と左翼がそれぞれの前史のうちにくみこむことは勝手であるが、かといって、国権論者を右翼とし、民権論者を左翼として、対極にすえてしまうのは、歴史に即したやりかたではない。

たとえば、明治十年の西南戦争当時は、この左右両翼は、いまだわかれていなかった。先進資本主義列強にならって近代化をおしすすめんとする、大久保利通ら体制派に対して、反体制派の立場はひとつあるだけだった。いわく、大久保一派が国権を失墜させ、民権を抑圧し、とどのつまり国家を私のものとしている、と。

かくのごとき考えかたからすれば、江藤新平も前原一誠も、「国権民権の不立」を「慨嘆」し、その「挽回」を企てたものであり、その極に西郷隆盛が位置することになる。つまり、大久保体制それじたいの否定をかれらは企てていたのだ。そして西郷軍に投じた増田宋太郎ら中津隊も、この企てにみずからを投じていったわけである。

とすれば、左右両翼はいまだわかれていなかった。あったのは、大久保利通を代表とする体制派であり、西郷隆盛に象徴される反体制派であった。そしてこれは、いまだ相互に転換可能であった。これを転換不可能にしたのは、西南戦争であり、そしてまた大久保のすすんだ途を、伊藤博文が明治国家体制として固めたからであった。

ともあれ、近代日本の支配階級がリベラルによって占められることになるのは、伊藤博文内閣の出現以来のことである。そして、支配階級がリベラルであるかぎり、一時は革命的契機を内にふくんでいた自由民権運動も、体制補完物としての自由党と改進党を生んで終熄《しゅうそく》することになる。

このとき、体制補完物たることを拒まんとしたのが、自由党左派すなわち大井憲太郎の一派である。この一派は、近代日本の権力が、伊藤博文らの政府と板垣退助らの野党と福沢諭吉の弟子たちの財界との、リベラルの連携によって掌握されることを、なんとか拒もうとした。その結果、明治十八年十一月の「大阪事件」をひきおこすことになるわけだ。大阪事件として発覚することになる朝鮮改革運動は、議会内政党あるいは体制補完物としての自由党を認めることのできないものたちが、ひきおこしたものである。いわば、ここには、反体制としての右翼と左翼の、ふたつながらの胎動がある。

つまり、近代日本のリベラルによる支配体制が確立しようとしたとき、その反体制派たる右翼と左翼がその成立の契機をもったのである。いいかえれば、右翼と左翼とは、明治国家体制の補完物たることを拒もうとした親から生まれた、〝双生児〟であった。このふたつが、その前衛主義的形態において相似的なのは、当然なのである。要は、この大阪事件から右翼と左翼が双生児のように生まれてくるのである。

そして、この思想的混迷期に、大阪事件の死灰から、内治改良の方策を社会主義的なものに求めようとする酒井雄三郎や幸徳秋水らの動きと、内治改良の方策を対外策のショックから導きだそうとする宮崎滔天や内田良平やらの動きとが、別個のものとして成立してくる。前者がいわゆる左翼となり、後者がいわゆる右翼となるわけだ。ちなみに、酒井が中江兆民の友人であり、弟子でもあり、幸徳が兆民の弟子であることから、兆民は左翼の源流とみなされ、滔天の庇護者が頭山満であり、内田が頭山の玄洋社の出身であることから、頭山は右翼の源流とみなされるのである。

ともかく、右翼革命を象徴する人物が西郷隆盛であり、西郷は頭山にとっても内田にとっても北にとっても、そしておそらく末松にとっても理想像であった。右翼と称される人物たち、大川周明でも満川亀太郎でも影山正治でも林房雄でも、同様である。とすれば、右翼とは何か、という問題は、あるいは、西郷隆盛とは何であるのか、という問題にほぼ重なるのかもしれない。

頭山と兆民とを繋ぐもの、それも西郷である。頭山に『大西郷遺訓』（政教社刊）の講評があることは周知のとおりであろう。かれは西南戦争のときは予備検束にちかいかたちで獄中にいたのだが、釈放されると、鹿児島に西郷を訪ねていった。むろん西郷はもう死んでいる。取りつぎにでた川口雪蓬が、呆れ顔でそういうと、西郷は亡くとも、西郷の精神は亡くなっていないだろう、と頭山は答えたらしい。右翼を称して、西郷の精神的子孫とよぶゆえんのひとつである。

だが、西郷の精神的子孫は中江兆民の自任するところでもあった。かれは西郷を懐うこと篤く、同時代に生まれてこなかったことを歎いた。自由民権運動の敗退後、革命が遠のけば遠のくほど、その想いは強まってきたらしく、革命思想家のじぶんを生かすものは、ただ西郷あるのみ、とまでかれはおもっていた。幸徳秋水は『兆民先生』に、こう書いている。「若し西郷南洲翁をして在らしめば、想ふに我（兆民）をして其材を伸ぶるを得せしめしならん、而して今や亡しと、語此に到れば毎に感慨に堪へざる者の如くなりき」、と。

もっとも、幸徳は師・兆民ほど西郷に思い入れてはおらず、西郷に革命のシンボルを見いださなかったことに象徴されるように、その後の左翼は西郷の精神的子孫なぞを自任したりはせず、むしろそれを旧時代として斬り捨てた。ここに、西郷は右翼の専有物となった。ただ、幸徳秋水が「大逆事件」の首魁として名ざされたとき、石川啄木が「幸徳と西郷！」（明治四十四年一月五日の日記）と、ふと連想したように、西郷に対する革命者としてのイメージは、まだまだ国民の心性（エートス）から消え失せてはいなかった。

左翼が西郷を旧時代として捨て去ったことは、西郷に革命者をイメージしている国民の心性を、封建的として無視したことを意味しているのかもしれない。中江兆民はこのナショナルな心性に、その思想の根源をおいていた。そしてそこに、頭山満の玄洋社もまた、思想的初原を求めようとしたのである。とすれば、「西郷隆盛」がわがくにびとたちにとって何であったかを解明することが、右翼とは何かを解明することにはならないにしても、その逆、つまり、右翼とは何かを明らかにするためには、西郷とは何であったかを、ぜひとも問題にしなければならぬ、とはいえるだろう。

もちろん、本論は西郷を論ずる場ではない。それゆえ、わがくにびとたちの心性のなかにある西郷とは、何を象徴するものだったか、を指摘するにとどめよう。これはしかし、改めていうまでもない。近代日本のわがくにびとたちにとって、西郷は悲劇的に敗れたことによって、よけいに永遠の革命者であった。

もし、そういってよければ、西郷とは、文明開化の論理をおしすすめる近代日本の支配階級（リベラル）によって斬り捨てられた部分のすべてを拾いあげ、そのことによって体制に反対する存在であった。近代化に従わせられ、なお心中に抗いを残すわがくにびとたちは、その抗いの心性のいっさいを西郷というイメージに托そうとした。そしてそれを引き受けようと行動したのが、右翼であった。そのためには、右翼は本来的に近代日本の反体制でなければならなかったのである。

†

——朝鮮戦争のころだから、もう二十数年まえのことである。裏の家に、色の白い女のひとがすんでいた。歳のころ二十三、四だったろうか。日暮れごろになると、きまって縁側にたたずんで、なにかもの思いにふけっていた。闇がふかくなると、かの女の顔はよりいっそうの白さをきわだたせた。

あくる朝、わたしが学校に行こうとすると、裏の家の道端には、かならずといってよいほど進駐軍のジープがとまっていた。それがいったい何を意味するのか、少年のわたしにはわかりようもなかったが、何だかとても哀しくて、そのジープのタイヤを思いきり蹴とばしながら通りすぎたことだった。

〈民族〉という問題が、いつわたしの内部に巣くうようになったのかわからないが、民族的感情に対する意識ということであれば、それはもしかしたら、この二十数年まえの体験につながるのかもしれない。そんなことを考えてみたのは、あるいは、この夏おとずれた沖縄の印象が、頭のすみに残っていたからだろうか。

飛行機で那覇空港につくと、そのすぐとなりは米軍基地だった。そして、その延々とつづく鉄条網をみているうちに、わたしは二十数年まえのわが町を想いだし、友人の案内で沖縄をめぐり歩こうとする意欲も、どこかへ消しとんでしまっていた。結局、それから一週間というもの、わたしはほとんど首里《しゅり》の一隅に屈《くぐ》まったままで時を過さねばならなかったのである。

そういう私的体験のあとに、この百年の民族的体験にふれた評論集を上梓するのは、いささか気が重い。「やっぱり、お前は右翼だったじゃないか」といわれるのが辛いからではない。そんなことは、この数年間いわれつづけているから、別に何ともおもわない。それに、当の右翼陣営にとってみると、わたしの右翼論は猛烈な反撥の対象であるらしい。しかしそれも、いまのわたしにとっては大きな負担ではない。

わたしの気が重いのは、ここに収めた諸エッセイがこの百年の民族的体験や情念や心性を、よく対自化しえているかどうか、という問題である。それがよく対自化しえたとき、はじめて、わが内なる右翼は批判しつくしうることになるわけで、それまでの道のりはまだまだ遠いとおもわざるをえない。

とどのつまり、わたしは右翼を近代日本の政治思想の問題として捉えるとともに、わたし自身をもふくむ民族の内面の問題としても捉えなければならぬ、とつねづねおもってきたのである。そのことが、わたしをしてこんにち右翼思想に拘泥せしめる唯一の理由といってよい。
　とすれば、右翼はわたしにとって、いわゆる学問的対象などではなかった。そうではなくて、こんにちわが民族がこのようにあること、いや、あらねばならぬこと、そのことの意味を、右翼という民族の負性において考えてみようとしたのが、わたしの右翼研究の基本的立場であった。

（一九七六年、第三文明社刊）

評伝 北一輝

昨秋、『竹内好論――革命と沈黙』を書き終えてから、しばらくのあいだ、文章を書こうとしても書けない状態がつづいた。長い書き下ろしをしたあとの虚脱状態にあるせいかもしれない、ともおもってみたが、どうもそうではなかった。いろいろ原因を考えているうちに、それまでのわたしの文体が、『竹内好論』で微妙に変わってしまっていることに気づいた。どういうふうにといわれると困るが、すくなくとも文章を抒情に流すといった書きかたができにくくなったことだけは、たしからしい。もっとも、それが結果としての不自由を意味するのか、あるいはまた、自身の感性に対する甘やかしを排する結果を生むことになるのか、にわかには定めがたい。

いずれにもせよ、『若き北一輝』のあとを引き継いで書かれた本書には、六年ほどまえとの文体上の変化がみとめられるかもしれない。しかし、これはある意味では当然なのであって、その変化は、わたしみずからが無意識のうちに選びとったものなのであろう。いまのわたしにとっては、ちょっと辛いところであるが、当分これに耐えてゆくことにしたい。

（一九七六年、大和書房刊）

時代の刻印

12

つい先日、ある新聞記事をみていて、顔が赤くなった。そしてそのあとで、ほッと嘆息がでた。

その新聞記事とは、富士ゼロックスが『日本経済新聞』にのせた情報広告のことである。二月二十一日から二十六日まで掲載されたもので、タイトルは「同時代の発言者たち」となっていた。総数で一七〇何名とかに達したらしく、それを六日間にわけて掲げていた。

わたしがそのひとりに選ばれていることは、広告主のほうからの報《しら》せでわかっていた。照れくさいような気がしないでもなかったが、ともかくもそのわたしに付されたコメントを読んでみることにした。コメントを付してくれたのは、針生一郎氏である。針生氏とは面識も何もないから、どこかでわたしのことを気にとめていてくれたのだろう、とおもうばかりである。ありがたいことである。

ところで、そのコメントは、次のように結ばれていた。

「……思想史を再構築しつつある若い世代のイデオローグ」──。

わたしはこの「思想史を再構築しつつある」というところをよんで、なるほど知己はいるもんだなあ、とうれしくなった。

だが、それと同時に、「若い世代のイデオローグ」と評されていることに、愕然とした。わたしが顔を赤らめたあとで嘆息がでたというのは、その謂《い》いである。わたしが若いか若くないか、などということは、いまどうでもいいことだが、すくなくともわたしがイデオローグと評されていることは、たとえそれがほめ言葉であれ、わたしの予想を越えていた。

というのは、わたしはこれまで、イデオローグたらんとしたことなぞ、一度もなかったからである。それどころか、イデオローグといわれるひとには、嫌悪感のようなものさえ抱いていた。そのわたしがイデオローグと評されるとは。悲しいような、いらだたしいような、変な気持ちであった。

わたしはひとつの組織にさえ、よう入らない人間であった。ましてや、そのうえに立って社会的発言をするものでもなかった。としたら、針生氏のコメントはもしかしたら、たんなるほめ言葉ではなくて、じぶんの小さな枠から踏みだそうとしないわたしに対する、「穴から外にいでよ」との誘いの言葉なのかもしれなかった。

それほどわたしは、この数年間、じぶんの穴から外へでなかった。大学闘争以後、わたしが属した組織とか集団といえば、わずかに明治文学研究会（仮称）があるだけだった。むろん、これを組織とか集団といえるかどうかはわからない。わたしのまわりにいた五、六人の友人たちとともにつくった、ささやかな読書会とでもいったものにすぎないから、である。

この明治文学研究会は、仮称のまま二年を経過し、二年後に幕末思想研究会（仮称）となり、そしてその幕末思想研究会も仮称のまま、こんど第三次の研究会へと引き継がれようとしている。つまり、わたしはこの数年間、ちっぽけな読書会にのみ関わっていたことになる。

明治文学研究会という、ちょっと大仰《おおぎょう》な名称をそれはもっていたが、要はそこで、明治期の基本文献を読めたらいい、あとは友人たちが集まる場処としての役割がはたせればそれでいい、というものだった。

　その会場を探しているとき、竹内好さんが「代々木の『中国の会』の事務所を使いなさいといった」と伝えてくれるひとがいた。そこで、研究会は二週間に一度、日曜の午後から夜にかけて、その事務所で開かれることになった。一九七三年六月のことだった。

　べつにその研究会の詳細を語るつもりはないが、ただそれがこの数年間のわたしの唯一のよりどころだったことは、確認しておいてもよいだろう。その研究会は、本書に刻まれている時代のさまざまな状況とは、まったく隔絶された場処であった。のみならず、事務所を使わしてくれている「中国の会」とも、ほとんど接触をもたなかった。そういう勝手気ままな事務所の使いかたを許してくれた竹内好さん、および「中国の会」の人びとに、遅ればせながら、ここでお礼を申し述べておきたい。

　ともあれ、この明治文学研究会は時代的意義とすれば、無であった。しかし、その無であることが、この数年間においては重要な意味をもっている、とわたしは信ずるのである。この信じている内容を、いま明らかにすることはできない。

ただそれが、イデオローグといった言葉からは最も遠いものであることは、わたしにもわかる。そうして、十年か二十年かたってみたら、その無がわたしらの内部で光を放っていた、というふうに、むしろこれからしたいとおもうのである。

ところで、竹内さんに事務所を使わしてもらう話をしにいったときのことだったろうか。代々木駅ちかくの食堂で、竹内さんが壁にかかった書をみて、「あれは誰のものだろうか」といったことがある。そのとき、わたしのほかにも二人のひとが同席していたから、竹内さんとしては何気なくいった言葉なのだろうが、わたしはなんだか口頭試問をされているような不安に陥った。

その書には、「敬天愛人」とあった。いうまでもなく、西郷隆盛の好んで使った言葉である。署名は、たしか「満」となっていたような気がする。頭山満《とうやまみつる》にちがいない。つまり、西郷を崇拝する頭山が、だれかに頼まれて書いたもの（あるいはその復製）なのだろう。わたしは、そう答えようとした。

だが、それは言葉にならなかった。なぜなら、竹内さんがいったのは、もっと別のことだったような気がしてならなかったから、である。敬天愛人のもともとの出典というのでもない。そんなことではなくて、敬天愛人を行なうものはついに誰か、といった、革命の〈アリアドネの糸〉（難問を解く方法）をたぐりよせるものの謂《い》いである。わたしはその問いのまえに、沈黙せねばならなかった。

おもうに、本書に収録されている諸論は、その沈黙のなかに消えていった文字である。わたしはそれらの文字を、愛惜しつつ、ここに捨てる。捨てることが、自己の影を将来に生かす最上の手段であると信ずるからだ。

（一九七七年、現代書館刊）

13

青春の断端

関東大震災のあとや大東亜戦争敗戦のころ、人工の夾雑物は脆《も》ろくも崩れおち、瓦礫《がれき》の東京の街から海がみえたという。その海はたぶん、森鴎外《もりおうがい》が観潮楼《かんちょうろう》（文京区千駄木）と名づけた屋敷からみえた海と同じ海であったろう。このことを顧みるとき、風土を失ないつつある現代人にとって、こんど海のみえるのはいつのことだろうか、などという終末論的疑問がふと涌きおこるときもないではない。

たしかに近代文明の浸透とともに、風土はわれわれの眼前から消えていった。自然的風土を滅ぼすことが人間の支配を顕現する指標のごとく思われた時期さえあったのである。それが一瞬の天災あるいは数年間の戦争によって脆《もろ》ろくも崩解したとき、つまり焼跡のむこうに海をみたとき、近代の脆弱さをこそ悟るべきだった。しかし近代の進歩幻想は、海はもちろん、その瓦礫の山をも蔽《おお》い隠した。

ひとは文明の底に埋もれる風土を透かし視るべきである。なぜなら、そこは己の出自であるからだ。出自を忘却した発想はついに状況を後なでするだけである。それは近代の病弊を根源的に剔抉《てっけつ》しないし、とすれば近代の奈落を切開する道をさし示しもしない。

おそらく、失いつつある風土を眼前につきつけられたとき、ひとは己の心臓を抉《えぐ》りだされたように愕然とするはずである。これを極めて鮮かな手際でしてみせたのが、保田與重郎《やすだよじゅうろう》の『日本の橋』ではなかったろうか。彼は「日本の橋」という風土をかりて、日本の抒情の美しさを謳った。それは川端康成《かわばたやすなり》の『美しい日本の私』などは及びもつかない構成を伴っていた。つまり、彼は風土を抒情の対極にあるものとしてではなく、風土の美を抒情の美へと昇華させていたのである。

保田の方法は極めて巧みである。それを保田の詐術といってもいいくらいだ。なぜならかれはそこでいっさいの歴史を捨象《しゃしょう》したからである。すなわち「私はここで歴史を言うよりも美を語りたいのである」と。この保田の詐術を看破したものがほとんどいないのは不思議なくらいである。

さてしかし、歴史と無縁な風土というものは存在しないのである。風土は現世における人間の生きざまの凝縮であると言い換えてもよい。つまり、保田のように、風土から歴史を捨象してその美を語ることは、風土に対する冒瀆《ぼうとく》にちかいのである。保田の言葉が歴史におけるイロニーであることは、かれ自身がいちばんよく知っているのである。

思うに、歴史すなわち人間の日々の営みと切り離された美というものはないのである。美は非日常性の領域に属しているなどと詭弁《きべん》を弄してはいけない。非日常性の領域もまた人間の営みの部分なのだ。人間とはそういう危《あや》ふいものであり、その影の領域をも含めた日々の営みのうちから、美は創られるものである。

たとえていえば、海を日常的に眺めているものにとっては、そこは生活の場である。憧れの対象としてより嫌悪と怖れの対象でさえあるのだ。そのことは風土を日々の営みとしての歴史から切り離して解釈してはならないということである。

歴史の欠落はかならず不必要な美化をまねく。三島由紀夫は日本刀を賞でたが、これに対してキム・ジハ（金芝河）は想像力でこう斬り込んだのだ。

「どうってこたあねえよ／　朝鮮野郎の血を吸って咲く菊の花さ／

かっぱらっていった鉄の器を溶かして鍛えあげた日本刀さ」――。

かれは三島における歴史の欠落を看破ったのである。

文学は仮構をこととするが、仮構とは歴史を無視することではなく、現実（史実）を素材として、内部世界をその素材に仮託することである。

この四月から七月にかけて、苦しい思いをすることが多くて、わたしはほとんど物を書く仕事をやめようかとおもった。東北の水沢の山奥に、「月八千円の給料で、毎朝、積雪量をはかることだけを仕事とする職業がある」という。それに就職しようとまで考えた。

そういう職業があることを知ったのは、昨年（一九七六）のはじめあたりだったが、誰も応募者がいないため、水沢市の職員が毎日山奥まで出かけていっているという話だったので、頼めばいいまでもなんとかなるような気がした。雪に関係ない夏の四ヵ月ぐらいは、まったく仕事がなく、それに家一軒を貸してくれるというのも、素適だった。

ただこれも、あまりに給料がやすいので、結局は物を書きつづけていかなければならないな、と考えて取りやめた。取りやめたが、そのことによって鬱々とした内心の思いが消えるわけではなかったから、なんとか生活を変えてみようとした。人前にでるのが嫌いなくせに、あえていくつかの対談とか講演とかにつづけてでたのは、ひとつには「気分転換をはかろうとした」ことと、ひとつには「もうどうにでもなれ」といった考えからだった。

そんな、なかばデカダンな気分を抱いて、ある大学での講演のため、長崎にいった。五月三十日のことだった。翌日の朝、小さな連絡船にのって、島全体が炭坑ともいえる高島に渡った。明るい海であった。久しぶりに明るい海をみたような気がした。

もう少し、物を書きつづけてみようという気になったのは、やっと七月になってからである。七月末から八月末にかけては、ただ一つの仕事に集中してみた。それも、この数年間にすることもなかった暴力的なかたちによって、である。暴力的なかたちをとったのは、わが憤怒のあらわれであろうか。

八月末の雨の日に、さほど大きくない劇場で、『鬼火』という映画をみた。監督はルイ・マル、主演はモーリス・ロネである。息苦しい映画だった。映像が黒白だったせいもあるが、それ以上にテーマが、こんにちのわたしに切実だったからである。

この切実さは、十年まえに、『鬼火』の原作にあたるドリュ・ラ・ロシェルの『ゆらめく炎』を、菅野昭正・細田直孝訳で読んだときの衝撃を、わたしに憶いださせた。そうして、当時の衝撃と、いまの切実さとが、どのような関係をもつか、それがこの十年間のわたしにとって何を意味するか、と考えて、ほとんど困惑した。

おそらく十年まえに『ゆらめく炎』を読んだときのわたしは、友人や愛人たちを、堕落だ、月並みだ、といって非難したアランに、全面的に同意していたのだとおもう。それが、いまではわたし自身、平凡な家庭生活、真面目な学問研究に満足しているかのようである。としたら、わが憤怒はそこに発するのであろうか。

†

——本書に収められた諸エッセイのほとんどは、一九七二年十月から一九七四年十二月にわたって『月刊ペン』に連載されたものである。あまり乗り気でなくはじめた連載だったが、のちには愛着もわき、ふかく感謝するようにもなった。

連載をはじめてから三ヵ月後ぐらいだったろう、わたしに原稿をたのんだ編集長の神谷さんが急死した。「これで連載も終わりだろう」と、ほっとしていたところ、案に反して、原稿の断り手を失なったこの連載は、それから延々二年数ヵ月にわたってつづけられることになったわけだった。

わたし自身がこの一三枚ていどのエッセイの連載に愛着をおぼえるようになったのは、やっと一年ちかくの日がたってからである。毎月初めに、このエッセイを書き終ると、やっとその月がはじまったような元気がでるのだった。それに、まことにいじましい話だけれど、この原稿料が当時の家賃にほぼ相当しており、原稿を渡すとともに、「ああこれで今月も住むところが確保できたな」と安心するのだった。安心するとともに、感謝した。

そんな記憶も、こんど一冊にすることをすすめられて、改めて憶いだしたことだった。


（一九七七年、白地社刊）

14

共同体の論理

わたしが大学を卒業したのは、一九六八年の三月である。大学闘争の活性化するほんのわずかまえだった。いや、東大でのそれの発端となった医学部闘争というのはすでにかなり激化しはじめていて、そのため全学部合同の卒業式というのは行なわれず、学部別の卒業式のみが行なわれた、と記憶している。

ところで、わたしが経済学部の卒業式に出席したかどうかについては、どうも記憶がはっきりしない。わたしに印象の濃いのは、むしろ、大塚久雄教授の退官にともなう「最終講義」であった。一九六八年三月あたりの記憶とすると、まず、これ以外のものではありえない。

当時、といっても、わずか十年半ほどまえのことだが、わたしはすでに学問に対して未練といった感情をすこしも残していなかった。ただ、学問にひとすじの信頼を残していたことがあるとすれば、それは大塚久雄氏の経済史の講義を聴いたことによってだった。

経済学に関してのみ、そういうのではない。わたしは授業にでない学生だったが、法学部や文学部や社会学部のめぼしい授業を聴きあらした結果、そういうのである。そしてそれゆえに、ふだんは授業にでない身をあえてその「最終講義」に運んだのだった。

しかし、このことは、それ以後わたしが経済史や、大塚経済史学の中核を形づくっている共同体論に興味を抱きつづけたことを意味しない。実際、その後一年ちょっとの企業生活ののち、わたしが手がけたのは、文学とか、歴史とか、思想史の領域であったのだ。ただ、この一年ちょっとの企業生活において、わたしは共同体論や民衆論に関係をもつたいへん貴重な体験をした。

それは、「大衆ぬきの大衆運動」にふれているとおり、わたしのガラス製造工場における仕事の一部に、公害対策担当というのがあったからである。わたしはこの仕事の過程で、一九七〇年代の反公害闘争における地域住民のもつ役割について、おぼろげながら悟るものがあった。

もっとも、そういった貴重な体験がわたしの共同体論や民衆論のなかで蘇ってくるのは、ほんのこの数年来のことである。具体的にいえば、一九七三年六月に発表した「共同体の転生」（『風土からの黙示』所収）あたりからにほかならない。そしてそれは、わたしがその学問にひとすじの信頼を残していた大塚久雄氏の『共同体の基礎理論』に対して、理論的な疑念を抱きはじめた時期と、ちょうど同じころだった。

この「共同体の転生」と「コミューンの本質と可能性」の二編は、発表当時、わたしと同年代のひとたちのあいだで評判がよかった。それは、近代主義批判の風潮とマッチしたからでもあったろうか。

その一方で、大塚久雄氏から反論の内容をもった私信をいただいた。大塚氏はこう書いていた。――筆者（松本）は大塚が日本の共同体を「ゲルマン共同体」だとしているが、これは逆だ。大塚はそういった見解に「疑惑」を表明しており、しかも日本の共同体をどのようなものと考えるべきかについても「示唆」は与えているつもりだ、と。

わたしはこう反論されて、『共同体の基礎理論』（一九五五年刊）や大塚久雄著作集の第七巻（共同体論関係）などを読み返してみた。だが、そこで示されているる命題は、やはり〈共同体の解体＝民主化〉というものであるようにおもえたのである。もちろんこれには、わたしの読解力不足と、それらの著述のほとんどがいずれも一九五〇年代の執筆であるという事情も絡んでいたにちがいない。

ともあれ、わたしはこういった反論を受けることによって、共同体についての継続的思考を余儀なくされたわけである。その継続的思考を行なううえで、さまざまのひとからの示唆や批判をうけたが、そのもっとも初期のものが、村上一郎（評論家。『明治維新の精神過程』『北一輝論』など。一九七五年、五十四歳で自刃）氏からのものであったろうか。

村上氏はわたしの『風土からの黙示』に対する書評で、「伝統的アナキズム」をめぐって「草叢の民の肉声《エートス》」を探らんとするわたしの作業を評価してくれたうえで、次のように書いていた。

「残る大きな問題は、これらの主として事実そのものの発掘・整理の上に、それらを理論化《セオライズ》する志向をこめて書かれたとおぼしい、『共同体の転生』の一文にある。柳田国男、丸山眞男、大塚久雄、色川大吉ら（ここに挙げられていない人を加えるなら中村吉治ら）の共同体論批判は、今後に待たなければなるまい」

生前の村上一郎氏は、つねにわたしの論争の相手であったが、それと同時に、わたしの無意識下の問題意識を発掘し、それに光を与えてくれるひとでもあった。天成の啓蒙者であったのだろう。たとえていえば、かれは『風土からの黙示』の一冊から、残った問題として共同体論批判をあげ、しかもそのさいに、わたしがあまり視野に上《のぼ》せることのなかった中村吉治の名を指摘してくれたのであった。

もっとも、中村吉治氏の『日本の村落共同体』（一九五七年刊）などの共同体論は、近代以降の共同体の存続のしかたにほとんど論が及んでいないという点で、わたしに不満をおぼえさせた。これは、中村氏が近代以降を共同体の解体期とみ、「階級社会」への移行を必然と考えているかぎり、論の当然の帰結であったのだろう。

わたしが中村吉治氏の共同体論から学んだことは、ひと言でいえば、共同体の付随現象と考えられていた「村八分」を、「共同体の崩壊過程においてのみ生じるもの」と捉える観点であった。この村八分観は、守田志郎氏が『村の生活誌』(一九七五年)のなかで、「村八分は伝説に近いはなしだったと思っている」と書いたのにくらべると、はるかに歴史にのっとったものであった。

わたしなどは幼いとき、近隣の部落で村八分が行なわれた事実を見聞していたから、どうしても守田氏のようには考えられないのである。それを、中村氏のように、共同体が崩壊過程にあるために、その崩壊を阻止しようとして共同体内規制がよけいに強められると解かれれば、きわめてよく了解できることになる。

ところで、わたしの共同体についての継続的思考は、一九七五年から七六年にわたって、色川大吉氏との論争を生みだした。この論争はわたしの『時代の刻印』に収めてあるが、その論争を整理し、その後のわたしの考えを展開したのが、「共同体論争にむけて」および「共同体論の現在的位相」にほかならない。

しかし、そういった論争の整理や展開が、主として現在における共同体論の批判に終わってしまいそうなことが、わたしには不満だった。このへんが、わたしの学問に対する未練のなさの後遺症なのかもしれない。

ともかく、わたしは現代の共同体論それじたいよりも、現代における共同体のありかた、あるいはまた共同体の再編のさま、そうしてムラ共同体に替わって生みだされんとする地域共同体それじたいのほうに、より関心を抱いているのである。「地方・地域・共同体」や、「共同体の再編」や、「共同体の現在——ニュータウンとムラと——」などは、この関心のもとに書かれた論文である。

なお、これらの論文には、昨今話題となっている「地域主義」研究集談会に対しての批判が部分的にでてくる。このうち、「地方・地域・共同体」については、尾上久雄氏が一九七七年二月の『神戸新聞』における論壇時評で、次のように評価してくれた。

「〈地方・地域・共同体〉は地域主義の陥穽《かんせい》を痛烈に批判している。地域主義はファシズムとさえ結びつきうることもあり、また地方権力の代弁の役を演ずることもありうる。地域主義について考え、それと接触する機会をもつ人びとが、松本論文を知っておくことは、それらの危険な可態性を避けるために意味があると思う」

わたしとしては、別に「地域主義」研究集談会を敵視しているわけでないから、同会のひとや地域主義に関心をもっているひとが、尾上氏のようにわたしの論文をよんでくれるなら、それでもう改めていうことはない。これは、『共同体意識の土着性』（一九七八年刊）の「あとがき」における三輪公忠氏に対しても、同様である。

三輪氏は、わたしの「地方・地域・共同体」のなかの、「わたしも住民運動がファシズムに通じてゆく可能性をみるもののひとりである。ただ、ファシズムへと通じてゆく可能性をそこにみるからこそ、そこに革命にも通じてゆく可能性をみるのだ。すでに述べたように、革命と反革命のエネルギーの所在地は同じであるからだ」という一文を引いて、「深い共感を覚えることを告白しておかねばならぬ」と書いてくれている。これは、わたしが「地方・地域・共同体」のなかで、三輪氏の論文を批判したことに対する対応であるから、筆者としてはありがたいことだと答えるばかりである。

いずれにせよ、わたしが本書に収めた諸論文を書いた目的は、共同体論それじたいというより、ムラ共同体を再評価することを通して、どんづまりまできた「近代」を相対化し、それによって「近代」の文明観を変革することにあった。

おもうに、こんにちのように民衆の生活のすみずみにまで「近代」が浸透しつくすまでには、明治国家の近代化、昭和初年のファシズム体制化、そうして戦後の民主主義化（とくに六〇年代からの高度成長）の三段階の歴史が必要とされた。民衆の生活の場であるムラ共同体は、この三段階の歴史に応じて、その態様を変えた。それゆえ、近代日本の共同体を論じるばあい、これからはたんにそれを「近代日本の共同体」と括《くく》るのではなく、それぞれの段階に応じたムラ共同体の態様を探ぐることが必須かとおもう。

そのことによって、近代化のはてでほぼ解体を余儀なくされた共同体が、なぜこんにちふたたび再編されようとしているのかの理由がみえてくるにちがいない。つまり、こんにちにおける共同体の再編は、かつてのムラ共同体の復活でも、また復活の試みでもないのだ。

そうではなくて、民衆が近代の都市にあって「孤独な群衆」（リースマン）となり、またその生命や生活において公害に象徴される危機的状況にさらされた結果、

〈生活〉という抵抗軸においてみずからその生活の場である共同体を新たに構築しようとするものなのである。そのためにこそ、かつてのムラ共同体のもつ可能性と限界とが問われているのである。

そういった問題意識もなしに、共同体論を手がけるアカデミズムは、わたしには用はない。もっとも、これがかつて大学で共同体論を学んだものの言であることを考えると、いささか感慨のふかいものがある。

（一九七八年、第三文明社刊）

15

中里介山

辺境を毅然《きぜん》と歩きつづけて、ついには草叢《くさむら》にまぎれてしまったひと、といったイメージが、中里介山《なかざとかいざん》にはある。かれの歩いた足跡は大道となって、はっきりと大地に刻まれているようにみえて、じつは小路とも草叢ともわからぬところへと通じている。しかし、そういった小路とも草叢ともわからぬ大地をじっとみつめていると、かれはどこからでも姿をあらわしてきそうな気がする。

介山の手になる、未完の長大な作品『大菩薩峠《だいぼさつとうげ》』の登場人物たちについても、同じようなことがいえるかもしれない。その主人公は机竜之助であり、かれこそは中里介山の自画像である。そうおもって、音無しの構えを得意とする盲目の剣士・机竜之助の顔をひとり合点に想い浮かべていると、その顔の横には、宇津木文之丞の内縁の妻で、机竜之助によって犯され、かれの子を生みながらも、はてはかれによって殺されてしまうお浜の顔が浮かびでてくる。かの女の顔は、机竜之助の目の治療代をつくろうと遊女屋に身売りしたお豊の顔に重なり、また御高祖頭巾《おこそずきん》に火傷《やけど》の顔をつつんだお銀さまの顔に重なりもするのだ。

そうして、お銀さまの顔の横には酒乱で悪旗本の神尾主膳が、あるいはがんりきの百蔵、裏宿の七兵衛、清澄の茂太郎、盲目僧の弁信、十八文の道庵先生、お松、宇治の米友、馬鹿の与八などが、つぎつぎと浮かびでて机竜之助の顔はついにかれらのただなかに埋もれてしまう。これは、作者中里介山の足跡が歴史の草叢にまぎれてしまうのと同じである。

『大菩薩峠』では、これらいくにんもいくにんもの人間が、生と邂逅と愛憎と別離と死とのドラマをくりひろげる。そこでは、個々においてはあれほど明瞭な顔かたちをもって登場していた人物たちが、結局のところ、区別を必要とされなくなってしまう。悪旗本の神尾主膳は、進歩的な善人旗本の駒井能登守に対峙しながら、ついには読者のなかに親しく住みついてしまうのである。

かくして、個々の人物にかわって小説の前面におしだされてくるのは、人間の生きざまという、懐かしくも哀しい風景である。善悪ともに、人間の内部に存することによって、ひとは生きてゆくことじたいにおいて、修羅たらざるをえない。それが哀しくないはずがあろうか。そう、介山はいいたそうである。

中里介山は近代日本のなかにあっては、伝統的な民衆の心性《エートス》をもっともよく汲みあげた知識人のひとりである。しかし、介山のその営為はかれが存在としての無名の民衆のひとりであったから可能になったのではない。むしろそれは、かれが存在としての民衆から遠く離れていることを自覚することによって可能になったことである。そしてこの自覚は、かれの近代的知性の挫折が生みだしたものだった。

もし介山が、近代日本を知的に主導するにたる一流の知識人であったなら、その挫折はなくもがなのことであった。つまりその挫折は、一流の知識人なら当然避けて通ったであろう思想的・文学的陥穽《アポリア》にかれが陥ちたことを意味する。

介山がこの陥穽に陥ちたのは、かれが自身の内部に〈民衆〉を意識することによって、この、伝統とか土俗とか民衆とか宗教とかいったかたちをとる非近代日本的なる場処から、わが身を切りはなさなかったからである。かれは存在としての民衆からは遠く離れていることを意識する、意識としての民衆であった。自身の内部に〈民衆〉を意識するとは、そういうことである。しかし、このために、かれは一流の知識人となりそこねたのである。

思想的・文学的陥穽に陥ちた介山は、しかし、この近代日本の辺境を毅然として歩きつづけた。それを辺境とよぶのは、そこでは近代と土俗がせめぎあい、知識人と民衆が対立し、〈知〉と〈非知〉とがきわどく接し、中央と地方とが谷間をつくり、右翼と左翼が渾然一体となり、政治と文学が行き交い、純文学と大衆文学の区別が意味をもたなかったからである。

この辺境を毅然として歩きつづけたこと、それが知識人としては二流の中里介山を巨人たらしめた。とすれば、この巨人は近代日本の知識人たちとは、その存在の形態を異にせざるをえなかった。つまり、かれは一流の知識人たちとは逆に辺境を歩きつづけて、ついには草叢にまぎれてしまうといった生きかたを当然と考えたのである。草叢にまぎれるとは、その苦闘のはてに、存在としての民衆と一体化する死をもったということである。

介山は、死して三十数年後のこんにち、偉大な作家でも何でもない、ひとりの無名の民衆の死を死んだにすぎない。そしてそれを僥倖《ぎょうこう》とするひとであった。にもかかわらず『大菩薩峠』は偉大な作品である。そこに、理念化されたのではない、存在としての民衆がいるからである。これは、介山が自身のなかに〈民衆〉を意識することによって、近代日本の辺境に陥ち、しかしそこに陥ちることによって、文豪とか、一流の思想家とかが決して目にすることができなかった民衆の生きざまを筆にする責務が、かれに与えられたということである。

文学者としても、思想家としても二流である介山にのみ与えられた栄光。これはおそらく、近代日本の陥穽《アポリア》が生んだ逆説である。つまり、介山の『大菩薩峠』には「書かれた歴史」（丸山眞男）としての近代日本から落ちこぼれたものが、ほとんど拾われているとでもいったらよいだろうか。

いま、中里介山の墓は多摩川を見下ろす崖のうえにひっそりと立っている。しかし、そこに介山はいない。『大菩薩峠』のなかにこそ介山はいるか。わたしの考えではそこにもいない。介山がいるのは墓石もなく、紙碑もない、歴史の草叢である。

では、介山によって残された『大菩薩峠』は誰のものか。それは、『梁塵秘抄《りょうじんひしょう》』

（平安末期の流行歌謡集）や「無常和讃《むじょうわさん》」や「間《あい》の山節」（間の山で簓《ささら》をすり、胡弓・三味線をひいて、参宮の人々に銭をもらった袖乞《そでごい》によって歌われた俗謡）がそうだったように、歴史の底の草叢《くさむら》のなかに屍《しかばね》を埋めていった数知れない、無名の民衆のものである。

✝

――これは、わたしが物書きをやめようとおもった、精神的空白の反転から生まれた書である。実際に執筆したのは、一九七七年七月末から八月末までの、まる一ヵ月間だった。ほとんどこの仕事だけで三十日間をすごした。

かくのごとく暴力的に物を書いたのは、およそ七年ぶりである。時間的にもそうだったが、内容的にもそうだったらしい。のちに担当編集者に〝肩に力がはいりすぎている〟と注意されること数度におよんだ。わたしとしては、じぶんでもなぜこう暴力的に物を書かなければならないのか、わからなかっただけにつらかった。

ことしの夏は、雨ばかりだった。わたしは一室にこもって、内部の暴力と戦った。窓を開けても、ほとんど何もみえなかった。何もみえなくともよいのだ、とわたしはみずから納得した。そうしてふたたび窓を閉じて、原稿用紙にむかったのである。

（一九七八年、朝日新聞社刊）

在野の精神

16

かつて歴史というものは、ほとんどつねに権力なり、権力をとろうとしたものなりの自己正統化として書かれた。すくなくとも、「書かれた歴史」とはそういう性格をもったものであった。

このことは、明治政府の自己正統化である『概観維新史』（昭和十五年）についても、明治政府に対する批判的勢力であった自由党の自己正統化である『自由党史』（明治四十三年）についても、ともにいえることである。

たとえば『概観維新史』には、薩摩藩邸の浪士隊としての相楽総三《さがらそうぞう》の名はでてくるが、相楽の率いた東海道鎮撫使《ちんぶし》の先鋒としての赤報隊《せきほうたい》の名まえはでてこない。「年貢半減」を掲げて戦った草莽《そうもう》隊の存在は、官軍にとっては不都合きわまりないからである。

官軍ははじめ、赤報隊が年貢半減令を掲げることを許可した。民衆にとっては、尊王攘夷のスローガンなぞはどうでもよいことなのである。かれらはその生活における〝御一新〟をこそ待ち望んだ。それゆえに、「年貢半減令」を掲げた赤報隊はほとんど何の抵抗もなく進軍しえたのであった。だが、財政難を感じとった官軍は、赤報隊に「偽官軍《にせ》」の汚名をきせることによって、これを歴史の闇に葬ったのである。

かくのごとく、自己正統化のために不都合な存在や事件は切り捨てたり、抹殺したりするのが、「書かれた歴史」のつねであった。『自由党史』でこれに該当するのが、秩父事件（一八八四年）とか宮地茂平《みやじもへい》とかの存在であろう。たとえば秩父事件については、こう記されている。

「暴挙の原因は既に言へる如く、群馬の奇獄に対する報復にありと雖《いえど》も、其嘯集《しょうしゅう》せる衆団は素《もと》之れ不平の農民、博徒、猟夫の類なるが故に、其勢を得て為す所、多くは官衙《かんが》を毀《こぼ》ち、吏員を脅《おびやか》すの外、証書地券を焼棄し、高利貸、地主を征誅《せいちゅう》し、金品を掠奪《りゃくだつ》分配し、平生直接の不平を洩《もら》すを先にする傾《かたむき》あり。

称して借金党、小作党と言ひ、実に一種恐るべき社会主義的の性質を帯べるを見る」

この秩父事件に対する記述には、近代国家としてまがりなりにも成立した明治国家を終極的には支えるブルジョア政党としての自由党の性格がきわめてよく示されていよう。明治政府に対して反体制として存在したかにみえる自由党も、政府に対する批判を掲げることを通じて明治国家体制を補完したのであった。それゆえ自由党が、かれらの啓発のもとに成立した困民党《こんみんとう》を、体制を根底から揺るがす存在として忌諱《きい》したのも、当然のことであった。

このばあい、体制とは資本主義体制というような歴史的制約の言葉で語ってもよいが、より正確にいえば、権力および権力意志をもつ存在によって共同につくりあげられるもののことである。『概観維新史』も『自由党史』も、とすれば、その立場こそ違え、ともに、そういった権力および権力意志をもつ存在がつくりあげた体制の言葉によって叙述されているわけだ。これが自己正統化にならないはずがない。

ところで、歴史叙述に関する以上のごとき認識をわたしに教えたのは、十年まえの全共闘運動であったような気がする。全共闘運動は、いってみれば、権力意志をみずから否定した闘争であった。それはついに権力奪取をめざさなかったが、このことはわたしたちが権力意志によって体制をかたちづくる行為（体制を補完する行為もふくめて）を、みずからに禁じた結果にほかならない。

体制をかたちづくる行為をみずからに禁じる、とは、さきの例に即していえば、明治政府にも自由党にもならない、ということである。ここに、全共闘運動の非常にアナーキーな様相、非生産的な印象があらわれるのである。が、そのことを悪いことだとは、わたしはいまもおもわない。そういった権力意志をみずから否定したところにしか、永久革命という言葉は成立しないからである。

さてしかし、わたしはここで、すでに敗退してしまった全共闘運動に恋々たる言辞を記そうとしているのであろうか。否である。敗退したものは、すでに敗れ去ったものなのだ。では、「敗れ去ったものにラブソングを！」といっているのであろうか。それもまた、否である。ラブソングをうたうことは、敗れ去ったものを自身の内部にもつものにはできないことである。

わたしにできることは、何か。本論に即していえば、権力意志をみずから否定したものの目に、過去の歴史がどのように映っているか、ということを著すことである。もちろん、わたしには歴史家となり終わったつもりは、毛頭ない。このことは、本書に収められたどの文章をとってみてもわかることだ。つまりわたしは、それらを歴史家として書いたわけではない。もしあえていうなら、わたしはそれらを歴史の破摧《はさい》として書いたのである。

歴史の破摧をわたしに強いたものは、過去の歴史がほとんどつねに、権力なり、権力をとろうとしたものなりの自己正統化として書かれていることに対する憤りであったろうか。とすれば、わたしはこれらの文章で「権力そのものを相対化する立場」をとろうとしているのかもしれない。

権力そのものを相対化する立場、とは、かつてわたしが「時代の中の在野精神」(『時代の刻印』所収)で記したように、在野という言葉によって置き換えられるはずである。ただ、そのためには、在野という言葉を、従来の朝と野、あるいは官と民といった対立的概念規定から解き放ち、そうして知識が権力支配の道具となってきた過去の歴史を破摧するための拠点として捉え直さなければならない。

そうでないなら、在野という言葉は、新たな時代に新たな意味をもって甦りはしないだろう。

しかり、わたしは本書で一貫して、在野という立場を、その精神を、こんにち新たに獲得すべき価値と考えようとしているのだ。それは、知識がたんに権力支配の技術とされる現代だからこそ、よけいに強調されねばならないことなのだ。わたしが本書を「在野の精神」と名づけたゆえんは、まさに、ここにある。

ところで、本書に扱われているいくつかの「歴史」は、秩父困民党あり、東洋社会党あり、大阪壮士倶楽部あり、また伊奈野文次郎あり、常葉金太郎《ときわきんたろう》あり、小《お》川久蔵《がわきゅうぞう》あり、吉田正春あり、宮地茂平あり、北村透谷《きたむらとうこく》あり、吉倉汪聖《よしくらおうせい》あり、安藤《あんどう》昌益《しょうえき》あり、中里介山あり、渋谷定輔《しぶやていすけ》あり、といったぐあいで、時代も思想もさまざまである。もし、それらに共通するものがあるとしたら、それはほかでもない、わたしが興味をもった事件なり存在なり人物だ、ということだけである。

では、わたしはそれらの何に興味をもったのか。それらの、抹殺された、埋められた、知られることのなかった実態や生涯に、いわば「書かれなかった歴史」に興味をもったのである。

なぜ、それらは書かれなかったのか、あるいはどのような書かれかたをしたのか、そこにわたしは魅せられたのである。そして、それらのもつ巨大な沈黙の意味を、白日のもとに晒《さら》したら、「書かれた歴史」はどのように修正されるか、いや修正されねばならぬか、その一点にわたしの終極の関心は集中してゆくことになるにちがいない。

もちろん、わたしが興味をもっている事件なり存在なり人物なりは、これらにとどまらない。わたしはそれらについて、それぞれファイルをつくりあげ、そのファイルが厚くなり、わたしなりのイメージが固まったころひとつの論文を書くのである。それゆえ、ファイルをつくってから、二年ほどで執筆にとりかかるものもあり、十年たってもほとんど執筆にとりかかれないものもある。

この、十年たっても執筆にとりかかれないものには、たとえば「仏学塾論」などがある。四年ほどまえ、大阪にいったさい、「そのうち仏学塾論あるいは中江兆民の水脈とでもいった論文を書きますよ」などと知人に約束しながら、まだ当分その約束をはたせそうもない。史料があまりに少なく、断片的なのだ。

「立木兼善《たつきかねよし》覚え書」なども、十年たってまだ執筆にとりかかれないもののひとつである。立木兼善については、わたしはすでに「小笠原コンミューン論」（『孤島コンミューン論』所収）と「日影の孤影——淡路民権運動の位相」（『風土からの黙示』所収）などで、その名まえをだしていながら、いまだにかれの全体像がつかめないのだ。最近刊行された色川大吉責任編集の『三多摩自由民権史料集』で、代言人《だいげんにん》（弁護士）時代の片鱗がわかったが、それにしても全体像にはまだほど遠い。

ともかく、そういったさまざまの「書かれなかった歴史」を寄せ集め、それらの沈黙の底にこめられたエネルギーを一点にねじこんでゆくことによって、「書かれた歴史」の全体を覆えしてしまうのが、わたしのついの希《ねが》いである。

（一九七九年、現代書館刊）

第二の維新

たぶん一昨年（一九七七年）のことだったとおもう。影山正治の主宰する大東塾の機関誌『不二』の表紙が、西郷隆盛の描いたという武者絵で飾られていた。おそらくそれは、大東塾が「西南の役」百年を記念する意図のもとに表紙に掲げたものだったのだろう。右手に矢を、左手に弓をもった武者が、ハッタと前を見すえている図がらだった。

ところで、わたしはちょうどそのころ森崎湊《もりさきみなと》の『遺書』に材をとった、映画『黒木太郎の愛と冒険』（森崎東監督）をみたところであったので、連想がしぜんと「草莽《そうもう》」という言葉に凝っていった。なぜなら、森崎湊は昭和十七年に満州で、協和会そうして建国大学に入るわけだが、それらのことを次のように意義づけしていたからである。『遺書』にいう。「自分が建国大学へ志望をおこした気持はどんなものであったか――金もいらず、名もいらず、命もいらず、安んじて満蒙《まんもう》の野に屍をさらす人間に自分を鍛えあげよう――これではなかったか」と。

ここにあるのは、いわば草莽の精神といったものであろう。その持ち主であった森崎湊が祖国敗戦の日に、海軍少尉候補生、特攻要員の身分のまま、ひとり自決してゆくことは、ある意味で当然とさえおもえるほどだ。

自決にさきだつこと一年、昭和十九年八月四日に、森崎湊が記した日記の文面は、映画『黒木太郎の愛と冒険』においても重要なテーマとして鳴っていたが、それはまさに、戦争中むざんにも海に漬づき、山に草むした草莽たちの原初的な精神のかたちを示していた。

いわく、「先進幾万、幾十万の快男子たちが銃後の人々を守らんために死んで行ったか。幾十万の戦死者、顔も知らず、名も知らず、見も聞きもせぬその戦死者たちにおれは旧知のごとき親近感を持つ。どんなに好漢がおったことだろう。……おれはあさましい俗世間は見るまい。そしてただ、笑って死んだ快男子たちのことだけを見よう」と。

二・二六事件以後の敗戦に至る日、森崎湊のような草莽の精神の持ち主たちにとって、命を革《あらた》むる機会は失なわれていた。これは、第二維新論が天皇制ファシズムのもとでそのテーマを見失なっていた、ということであろう。ともあれ、そのことによって、かれら昭和十年代の草莽たちは、ただただ「笑って死」ぬことだけを、みずから選びとらねばならなかった。死に赴く生、これである。

橋川文三によれば、昭和十年代の若ものたちにとって日本浪曼派の哲学（つまりは時代のイデオロギー）は、「私たちは死なねばならぬ！《ヴィア・ミュッセン・シュテルベン》」と響いていたということであるが、それは海軍少尉候補生の森崎湊にとっても同様だったようにおもえる。それゆえに、すでにわがくにの敗戦がきまった時点でなお、かれは「笑って死んだ快男子」たちの跡を追って自決していったのにちがいない。

その精神の持しかたそれじたいにおいて、森崎湊は一個の草莽である。これは、かれが「金もいらず、名もいらず、命もいらず」といった『西郷南洲遺訓』にある言葉を踏んでいるから、そう批評するのではない。ただ、ちょうど同じ時期に、西郷の武者絵を見、そうして森崎湊のことを考えたために、「草莽」という言葉にわたしの連想が固まっていったのである。

ちなみに、森崎湊の無意識に影をおとした『西郷南洲遺訓』にある言葉を正確に引いておくと、次のようである。

「生命も要らず、名も要らず、官位も金も望まざる者は、御し難きものなり。然れども此御し難き人に非ざれば、艱難《かんなん》を共にして国家の大業を計る可からず」

もっとも、いま、正確にといったが、わたしが典拠としているのは、政教社が刊行した頭山満（立雲）講評の『大西郷遺訓』（大正十四年）である。大西郷となっていても、遺訓に変わりがあろうはずもないが、いちおう記しておく。

ところで、わたしの連想が「草莽」という言葉に凝っていったとき、その言葉で憶い浮かべたのは、村上一郎の『草莽論』の扉に掲げられた一葉の写真であった。その、誰れのものともわからぬ、ひとりの男の顔は、西郷の武者絵のように勇壮ではなかったが、重々しい決意とひとすじの情熱とを底に秘めているようにみえた。それはあえていえば、第二の維新の主体たるべき精神のかたちを垣間みせてくれていた。

もしかしたら、その男の顔かたちは、雲井龍雄《くもいたつお》の事件（一八七〇＝明治三年、政府を倒す陰謀を企てた事件）に連座した原直鉄《はらなおてつ》や、秩父困民党の佐久転戦軍において参謀長となった伊奈野文次郎や、不敬事件をおこした民権運動家の山田島吉や、『新庄藩戊辰戦史』を書いたクリスチャンの常葉金太郎や、西田税《みつぎ》によって「大亜細亜主義者」とよばれ、飛行訓練の最中に事故死した宮本進や、……そういった無名の、こんにち写真さえ残っていない人物たちの顔かたちを象徴するものであったろうか。もっともこれは、名もなく野山に埋もれた草莽たちの精神の終《つ》いのかたちを描こうとした、わたしひとりの想い込みといえるかもしれない。

ただ、そういった想い込みは別にしても、かれらの精神の究極に、あるひとつの共通したかたちが透視できることは否定できないだろう。その精神の終《つ》いのかたちとは、「第二の維新」という名の永久革命によって、みずからの命を革《あらた》むるたぐいのものではなかったろうか。

かつてわたしは、吉田松陰にふれての小エッセイに、「革命とは、命《めい》を革《あらた》むると同時に、命《いのち》を革《あらた》むることでもなければならない」とかいた記憶がある。その憶いは、いまもなお鮮烈である。第二の維新が権力奪取の謂《い》いでなく、民衆に対する権力支配を否定した永久革命であるためには、権力支配のもとで精神形成をしてきた自己そのものを根底から革めてゆかねばならない。そしてそれは、権力支配によってはついに解放・救済されない民衆の、言葉とならないエートスのなかから思想をつかみだしてくることによって成し遂げられなければならない。それ以外に永久革命への大道はないのである。

だが、このことは、その精神の終《つ》いのかたちに第二の維新を想い描いた草莽《そうもう》たちにとっては、暗黙の前提であった。かれらはその前提を、民衆のエートスのなかから思想をつかみだし、しかもその思想形成を通じて生活から切れることのない民衆と訣別することによって獲得するのである。おもうに、それは時代を超えて、草莽のひとりびとりに課せられた不可欠の関門であった。

草莽たらんとするものは、いずれもこの関門をくぐりぬけねばならない。そしてかれらはこの関門のまえに立たされたとき、先人たちの踏み越えた険しい道すじを、はるかに追慕した。北村透谷《きたむらとうこく》が雲井龍雄を慕ったように、である。

いや、透谷ばかりではなかった。たとえば、透谷が「富士山遊びの記」に雲井の詩の一節を引いていたように、かれの友人の吉倉汪聖もまた、雲井の隠れた追墓者であった。ごく最近、吉倉汪聖の子孫にあたるひとから譲られた吉倉自筆の『蔵書目録』（明治十七年ごろ作成か）には、「雲井龍雄事蹟　一冊」と記されていた。これは、明治十六年十月刊行の『近世傑士・雲井龍雄事蹟』（有田正夫編）を意味しているのであろう。

ともあれ、このことによって、透谷と吉倉とが同時代の友人であるばかりでなく、同じ関門のまえに立ったことがある、と推測できるようになったわけである。本論を草しはじめてから五年、本論を構想しはじめてからではおよそ七年、その月日のあいだには、こういったごく些細なことではあるが、じつは大切なことが、いくつも耳目にとまるようになった。

もちろん、これはわたしひとりの注意によってできることではなく、周囲にいた友人や知人たちがひそかにわたしを助けてくれたからである。一、二、その例をあげれば、かつて森崎湊の『遺書』の存在を教えてくれたのは、川本三郎《かわもとさぶろう》（評論家。『マイ・バック・ページ』など）であり、『日本政府脱管届』をだし、「浪人政府」の中心メンバーとなった宮地茂平の墓碑が、東京の染井墓地にあると教えてくれたのは、中村愿《なかむらすなお》（評論家。『美の復権　岡倉覚三伝』など）であった。いずれも、ごく近しい友人のひとりである。こういった友人、知人の助けがあってこそ、村上一郎が「第二維新論にはじぶんの知らないことが書いてある」という便りをよこしたのであろう。死の直前のことであった。

ちなみに、中村愿が宮地茂平の墓碑をみつけたのは、ほんの偶然で、染井墓地にある岡倉天心《おかくらてんしん》の墓を見にいった途次《とじ》のことであったらしい。なるほど、これが第二維新論にでてくる宮地茂平の墓碑か、とおもって眼にとめたという。ありがたいことであった。宮地の墓の存在を知らなかったわたしは、昨年（一九七八年）初夏のある日、染井墓地をたずねていった。

蒸し暑い日で、ときおり雨さえパラついた。わたしは岡倉天心の墓をたよりに、そこから奥へとわけいった。宮地の墓碑はあまりにひっそりと立っていて、なかなか見つからなかった。何度か見損じたはてに、わたしの眼を射たのは、宮地の墓碑よりもまず、かれが建てた父親の墓碑であった。

その宮地の父親の墓碑には、上部に「天下之浪人」と刻んであった。かれの父親が浪人を意識していたとはきいたことがないから、これはおそらく、この墓碑を立てた宮地がじぶんの墓石に刻みたかった文字なのであろう。「浪人政府」さ

え構想した宮地らしいわい、とひとりで微笑んだことだった。かれ自身の墓石は
そのとなりに、ひっそりと立っていた。

（一九七九年、国文社刊）

戦後世代の風景　*1964*年以後

18

あれは、静岡あたりだったろうか。つい先日、新幹線の車窓から、外をながめていたときのことだった。

海岸ぎわの松林がきれると、そこから線路ぎわまで、家々がびっしりと建ちならんでいた。いや、建てこんでいるといったほうが正確だろう。しかも、その家並はいずれも建てられてから十年たつか、たたないかの新しさである。ただ、新建材をつかっているせいなのだろう、どことなく光りが鈍かった。いずれの家もそうであるところをみると、この町じたいが十年そこそこの歴史なのかもしれなかった。一九六〇年代の高度成長によって増大した都市人口が、こういった新しい町をつくったのにちがいない、とおもったことである。

ところで、この新しくつくられた町には、緑が少なかった。空地というか、原っぱというか、とにかく空間も少ないようだった。数年まえ、いや、わたしが『孤島コンミューン論』を書いているころだから、もう十年ちかくまえになるのだろうか、羽田から飛行機で八丈島にいったことがあった。そのとき、上から眺めた房総半島は、乱開発のため緑がはぎとられ、赤茶けた部分がずいぶんと広がっているのをみて驚いたものだったが、この静岡あたりの新しく開かれた町も上から眺めると、ほとんど赤茶けてみえるにちがいない、とおもったものだった。

町はずれの河にかかっている橋には、小さな自動車がいく台もつらなって、せわしそうに往き来していた。それをみていると、たいして大きな河ではないのに、河の大きさ、水の流れの悠々たるさまにくらべると、人間のやっていることは小さいなあ、といった感懐に、どうしてもとらわれてしまった。

しかし、そういった感懐にもかかわらず、この十数年の人間の歩みにほかならない近代化は、着実に、自然を侵蝕してきているのである。新幹線や高速道路は、もうずっと以前からわたしたちの生活のなかに入りこんでいるようにおもえるが、じつは、わずか十数年まえ、一九六四年にできたものなのだ。車が普及したのも、都市に人口が集中しはじめたのも、この十数年のことといってよい。

いま、わたしが記したような新しい町が、「ニュータウン」とよばれ、多摩にも、大阪千里にも、諫早《いさはや》にも、成田にもつくられ、とどのつまり日本全国に一般的な呼び名となったのは、このほんの数年のことである。

ついでながらいっておけば、このニュータウンにすむのがニューファミリーであり、かれらが聞くのがニューミュージックである。いずれも、一九六〇年代の高度成長によって、地方から都会に誘いだされた青年たちが生みだした、新たな社会現象といってよいだろう。たとえていえば、このニューミュージックという音楽現象においては、かつての「近代日本」という枠組において成立した〈地方農村〉対〈都市〉という対立構図が、具体的に崩壊しているのだ。

「青年が地方から都会に誘いだされる」とは、十八世紀以来の「都市は人間を自由にする」という近代に対する幻想が、明治以後の日本の近代化においても普遍的に存在したということであり、また、明治以後の近代化が地方農村の余剰労働人口を都市の工業社会へと吸収した、ということでもある。

一九六〇年代の高度成長は、この近代化のもっとも圧縮された、水準の高い過程だったといえよう。そこでは、〝連続射殺魔〟の永山則夫《ながやまのりお》（一九九七年死刑）が書いているように、当時の中卒の少年が「金の卵」とよばれて、都会へとむかえられたのである。

ちなみに、当時の中卒の少年とは、いずれも戦後生まれである。というのは、一九四五年（昭和二十年）の八月以降に生まれた子供たちが、一九六〇年には十五歳、つまり中卒の年齢になったからである。ニュータウン、ニューファミリー、ニューミュージックという、六〇年代の新たな社会現象は、かれらによってつくりだされたということができる。

わたしはこういった新たな社会現象が顕著になりはじめた転換点として、最近、「一九六四年を指標としたらどうか」と考えるようになった。これは、この年が東京オリンピックの年であり、新幹線や高速道路がはじめて出現し、またビートルズの流行といった現象がおこったこととの複合的観点からである。

すなわち、この年あたりから、わがくには「近代日本」といった過去百年の基本的枠組から脱し、欧米近代と横一線にならびはじめた、とおもわれる。そしてそこでは、かつての「近代日本」といった枠組の内部で成立していた、さまざまな対立構図、〈アジア対西欧〉、〈中央対地方〉、〈ムラ対都市〉、〈演歌対ポピュラー音楽〉、〈純文学対大衆文学〉、〈右翼対左翼〉、〈知識人対大衆〉、……などが意味を喪失しはじめた。これ以後のベトナム反戦運動、学生反乱、石油ショック、原子力発電をめぐる対立、ニューミュージック、ニュージャーナリズムなどさまざまな社会現象は、かつての「近代日本」における対立構図において理解するよりも、むしろ世界的共時性において理解したほうが、よりわかりやすいのである。

わたしがこの「一九六四年」を転換点の指標としたのには、もうひとつの理由があった。それは、この一九六四年こそが、純粋の戦後生まれ（一九四五年八月以降）が、地方での高校生活を終えて、進学や就職のために上京、あるいは都会にでてくる年だったからである。

たとえば、一九四六年一月生まれのわたしが、高校を卒《お》えて上京してきたのは、十八歳のとき、一九六四年四月のことだった。東京は変貌をとげるまえの不穏な活気にみちていた。都市の活気は、政治変革の可能性を予感させるような政治運動や社会運動が、ほとんど見あたらなくなっていたのと、対照的であった。それほど、都市の社会構造上の変化は目ざましかった。

それから十数年、都会の変貌ばかりでなく、わがくに全体の社会的変貌は、まことに著しいものがあった。その著しい変貌の様相を、先日わたしは新幹線の車窓からみていたわけだが、そのとき、わたしの脳裏に、これこそは「転形期の風景」というものではあるまいか、といった感想が浮かびあがった。むろん、この転形期の風景には、新幹線にのってその様相をながめているわたし自身もふくまれる。いや、それどころか、わたしの脳のなかもまた、転形期の風景といった状態を呈しているのにちがいない、とおもったものだった。

外には、昔ながらの海岸や、松林や、河川を駆逐するように、新幹線や、自動車や、新建材や、ニュータウンといった新現象があらわれている。

しかし、同じことは、わたしたちの意識内部に関してもいえるのではないか。すなわち、これまでわたしたちの思考や感覚をかたちづくってきていた、「農村」や、「知識人」や、「戦争」や、「左翼」や、「純文学」といった体験的な概念を駆逐し、溶解する事態が、ふかく進行しているのではないか。いわば、転形期の風景は、社会全体をおおっているばかりか、わたしたちの内部そのものの現状なのではないか。

こんにちほど〈知〉が時代の荒波にさらされているときは、ないのではないか。それは、わたしたちが「近代日本」という枠組のなかで成立したさまざまな対立構図が意味を喪失してきていることに象徴されるように、〈知〉そのものが時代を全体的に捉える方法を失なっている、ということだ。〈知〉を支えていた社会そのものが構造的変化をおこしているのだから、これは当然といえば当然である。

むろん、わたしもまたこの「転形期の風景」のなかにいるわけだが、翻っていうと、この一、二年にわたしが書いた文章それじたいが転形期の風景を現出しているのかもしれない。

つい先日、内村剛介《うちむらごうすけ》氏および鮎川信夫《あゆかわのぶお》（詩人。『死んだ男』は戦後詩の出発点。一九八六年没）氏と鼎談する機会があったが、わたしはそのあと、内村氏から「松本クンは最後の評論家だねえ」といわれたものだった。わたしはそこで、それは「キミも古いねえ！　ということですか」と、笑いながら問い返したのであるが、それに答えて、内村氏は「アハハ」と笑いながら、「もう君以後は世界を全体的に捉えようとする評論家などという人種はいなくなり、あとは学者か、ルポライターやコピーライターなどといった細分化された職業人しかいなくなるのかもしれない」といったようなことを、つぶやいたのだった。

どうやら、一九六四年以後の転形期にさらされた「芦の一むら」は、このわたし自身でもあるのだろう。村上龍《むらかみりゅう》の『限りなく透明に近いブルー』などをよむと、そのドラッグとロックとファックの描写などを、しごく見馴れた風景としてやりすごしながらも、「いや、基地というものはそういうものではなかったぞ」という異和感がそそけだつのである。

これは、中島飛行機の工場があったがゆえに、一九六四年まで進駐軍司令部や米軍飛行場があった町に育ったわたしの特殊的な反応かもしれない。が、基地の金網と、そのむこうで歩哨《ほしょう》にたつMPのトカゲのようなまなざし抜きには、基地は基地でないのである。つまり、基地というからには、その表層の裏に、〈戦争〉や〈占領〉や〈民族〉などの実体が潜んでいるはずなのである。そうおもうがゆえに、わたしの異和感がそそけだつのだろう。

わたしはこういった異和感を手ばなす気にはなれない。いってみれば、わたし自身が一九六四年以後の転形期のただなかにドップリと浸かりながらも、この自閉化しつつある同時代を、さまざまな方向から眺めてみたいとおもっている。

わたしは、視られる対象であるとともに、視る主体でもある。そして、視ることによって、視られる自身＝同時代を、「すこしでも動かしたい」とおもっているのである。

†

――この冬、難民（ボート・ピープル）の取材で、沖縄に行った。

沖縄の冬の海は、三年まえにみた夏のそれと、ほとんど変わらなかった。冬の海は暗いというのが、わたしたち本土で育ったものの固定的な感覚であるが、そういった固定的な感覚を打ち破るように、沖縄の冬の海はエメラルド・グリーンに輝いていていた。

那覇から車で、およそ二時間半。エメラルド・グリーンの海を左手にながめながら、巨大なゴースト・タウンに辿りついた。五年まえに、海洋博のおこなわれた本部《もとぶ》のコンクリート廃墟である。それは、枯尾花《かれおばな》に似たさとうきびの穂がきらきらと光る波のさなかに、灰色の異様をさらしていた。

三五億円かけたと伝えられる豪華なホテルといわず、近代的なモーテルといわず、シャレた従業員宿舎群といわず、五〇畳ほどもある一杯飲み屋といわず、どれもこれも立ち腐れになっていたのだ。ベトナム難民を収容（そう、まさに収容といったイメージである）する、かつてのコンパニオン宿舎も、公団住宅のように、きちんと立ち並んでいたが、五年も放っておかれたせいか、スラム化の一歩手前という感じだった。

わたしはその人影のほとんど見あたらない街を歩きながら、同行してくれた友人の仲程昌徳に、「つわものどもが夢の跡、だな」とつぶやいたが、たしかにそこには、空虚というか、空怖しさに襲われそうな静かさが支配していた。

筑波大学をみて、「コンクリート・バビロン」と名づけたのは、ほかならぬわたしであるが、海洋博跡のコンクリート廃墟をみつめていると、実際、筑波大学をそう名づけたのは間違いではなかったな、という想いにとらわれた。もしかしたら、近代建築の粋をきわめたにちがいない、多摩ニュータウンや成田国際空港や東海原子力村も、数十年後には、こういった廃墟となるのかもしれない。

諸行無常、などと悟りすましたいのではない。ただ、わたしたちはこんにち、さまざまな新しきものをまとって生きているが、そういった新しきものもかならず古びるのだ、と胸にとめておきたいのである。

むろんわたしは、新しき時代を拒絶したりはしない。ジーパンをはき、テレビを見、ビートルズを口ずさんで育ってきた戦後生まれとしては、当然のことである。しかし同時に、その新しきものの後の姿までを想い浮かべる心の動きも、三十年まえ、激しい空襲によって、ガラスは破れとび、鉄筋コンクリートは焼けただれ、穴ぼこだらけとなった飛行機工場跡で、かくれんぼをしていた少年とすれば当然のことではないか。

わたしは古き時代と新しき時代のはざまに、引き裂かれてある。引き裂かれたまま、じっくりと、この転形期を生きてやるつもりである。

（一九八〇年、第三文明社刊）

19

滅亡過程の文学

大渡橋は、北関東の前橋の街はずれを流れる利根川にかかった、一直線の、長い橋である。しかし、わたしの記憶のなかの橋は、昏《くら》い。その昏さは、もしかしたら、時間の遠さによるのかもしれない。わたしがその橋のたもとちかくで生まれ育ったのは幼いときのことで、あれからもう二十数年という時間が過ぎ去っているのだ。

わたしはいまでは、その記憶の橋から十幾つかの地名をもった風土を通り過ぎて、同じ関東とはいっても、海のちかくにまで辿りついてしまった。「住まいは」などと問われると、「目をこらせば海の彼方に八丈島がみえるところ」などと答えたりしている。陽光のきつい房総半島の一隅である。

この明るい土地にもいつまでいるのか、わたしにもわからない。一所不住などという強固な思想によっているのではなく、どこに住んでも同じだ、という哀しい習性が身についてしまったからだろう。しかし、その哀しい習性のうえを、ときとして、わたしの「昏い」橋がよぎるときがある。

ただ、わたしはそこに帰ろうとはおもわない。これは、わたしの反抗の流儀ではなく、わたしもまた、帰るべきところはすでに失なわれた時間のなかにしかないことを知る近代人のひとりにほかならないからだ。

そうして、帰りたいけれども帰るところがない、という故郷喪失（ハイマート・ロス）の病いは、近代の深まりによって、帰りたいという願望それじたいを風化させてしまうのかもしれない。簡単にいえば、わたしたちは故郷というものを必要とせずに現代を生きるようになってしまったのだ。「近代の弥果《いやはて》」といった精神風景が、ここには開けている。

本書は、あえていえば、近代の弥果という精神風景において書かれた文芸評論の集である。それゆえに、近代の弥果の精神風景を、まずはじめに描いた夏目漱石についての論を冒頭に置いたわけである。そうして、漱石から芥川龍之介、萩原朔太郎をへて、保田與重郎《やすだよじゅうろう》に至って言《こと》あげされる「没落への情熱」を、ことさらに重視した。

ただわたしは、近代的知性がいちどは、保田與重郎のいう「没落への情熱」をかいくぐって「死の哲学」に辿りつくにしても、その保田の論理はいずれ内から破摧《はさい》されたはずだ、と信じるのである。実際、その論理的破摧は、大東亜戦争のさなかに、武田泰淳《たけだたいじゅん》や、竹内好や、花田清輝《はなだきよてる》や、梅崎春生《うめざきはるお》などによって、さまざまに試みられていた。本書では、ページ数などとの関わりから、これらの試みを、坂口安吾《さかぐちあんご》論一篇に代表させざるをえなかった。

ちなみに、わたしは本書のどこかで「大日本帝国は敗戦をむかえないとよかった」などという奇矯の言を吐いているはずである。それは、ひとえに、「没落への情熱」を言あげすることによって民族を滅亡にかりたて、「死の哲学」によって若者たちを死に赴かせてゆく論理の内部において、その破摧として、再生の論理を組み立てようとしたからである。本書が文芸評論の集といいつつも、全体としては、ひとつの文学史のような構成をとっているのは、このためにほかならない。

ところで、わたしを『カイエ』の連載に誘ってくれたのは、同誌編集長だった小野好恵氏である。小野氏とわたしとの関わりは、一九七六年四月号の『ユリイカ』における「魯迅特集」にはじまっている。当時のわたしは、政治思想研究とか、歴史学とかいった殻におさまってしまいそうな自身が、嫌で嫌でたまらなかった。そこで、別のペンネームで、それ以外の領域の文章に手をだしてみてもいた。文芸評論はあまり書かなかったが、小野氏は「どうせ書くなら本名で、それも系統的に書いたらどうか」と誘ってくれたわけだった。わたしはその誘いに応じた。が、それまでのロマン主義思想論や、近代日本思想史研究や、ナショナリズム論や、共同体論、大衆論などといった主要テーマの副産物として文芸評論に手をだしたわけではなかった。それは余技ではなかった。わたしの感情は、もっとせっぱつまったものだった。

それは、いわば、近代日本における民族のエートスを、政治といった限られた領域においてのみ摑《つか》もうとすることに対しての、否定の情熱であったろうか。この否定の情熱は、いっとき、「ほとんど物を書く仕事をやめようかとおもった」状態にまで高まった。こういった状態を、わたしは後述するような文芸評論の方法によって、少しずつ克服していったのである。

わたしにとっての文芸評論の方法とは、個々の作品鑑賞に閉じこもるかたちでなく、作品や作家をそれらが生きていた歴史のただなかに解き放ってやるといったものであろうか。それはおそらく、民族の原感情やエートスを反映した文学を希求するわたしなりの願望にもとづいているものなのにちがいない。

そういった願望についてはさておき、いまでは、いわゆる文芸評論がわたしの仕事のほぼ半分を占めるに至った。しかし、わたしはそのことを、「政治」から「文学」への転向などという、古びた言葉で呼んでもらいたくない。わたしは十年まえの『若き北一輝』でさえ、じぶんでは文学のカテゴリーに入るものだ、とおもっていたほどなのである。

むろん、こういう感覚なり、文学概念なりは、他人には、なかなか伝わりにくいものなのかもしれない。わたしが一時期学ぶことの多かった平野謙《ひらのけん》(文芸評論家。『昭和文学史』など。一九七八年没)氏でさえ、十年まえに『若き北一輝』を送ったところ、その何年か後に、「あれはどういう意味でじぶんに送られてきたのかわからなかった」と述べられたことだった。わたしは少し悲しそうな顔をしたが、文学概念のちがいなのだな、と納得せざるをえなかった。

おそらく、同じような事態は、こんどの本にも生じるだろう。政治思想研究者や、歴史学者たちは、ずいぶん畑ちがいのことをやっているな、とおもうかもしれない。しかし、おそらくわたしは、いまでは悲しそうな顔をしたりはしないだろう。

もともと、ひとりの人間なり、ひとつの時代なりは、文学とか政治とかの限定されたジャンルに生きているわけではない。それらの総体の歴史を生きているわけである。もちろん、その人間や時代に斬り込む、その斬り口は、文学でも政治でも、精神史からでも国家論からでもいいのだが、結果として、その生きている歴史の総体に辿りつかなければ、評論などというものは意味がないのだ。

とすれば、こんにち政治評論が選挙結果の予想になり、文学評論が作品鑑賞と称する文学評判記になっているのは、文化の同じ頽廃《たいはい》現象をあらわしているような気が、わたしにはするのである。

わたしはいま、自身にとっての最初の文芸評論集を著わしつつ、それほど心が弾まない。その理由が、じぶんにも確とはわからないが、難しいところに来てしまったな、という感じがするからであろうか。こんなときには、朔太郎の「大渡橋」（『郷土望景詩』）の一節でも口ずさんで、孤愁を甘受するしかないのかもしれない。

「……往くものは荷物を積みて馬を曳き／このすべて寒き日の　平野の空は暮れんとす」――と。

（一九八〇年、冬樹社刊）

私の同時代史

20

大学に入ったころ、わたしは瀬戸内晴美《せとうちはるみ》（寂聴）や立原正秋《たちはらまさあき》などに溺れていた。ただ、そのまえに、わたしはルムンバ事件（一九六一）の衝撃から、意識的に政治を避けるようになっており、そのことが後年の美的な政治、つまり政治的ロマン主義への接近の伏線になっているのかもしれない。

わたしは意識的に政治を避けたころに、横光利一《よこみつりいち》に出会い、その延長線上に保田與重郎にめぐりあった。一九六〇年代半ばのことである。

ところで、一九六〇年代末から七〇年代前半、わたしたちの文学的飢餓状況は、深刻だった。

このため、わたしたちは全共闘運動の盛んなりし時期に、ドストエフスキイを「もうひとつの日本文学」として読み耽《ふけ》ったわけだった。それは、いわば憑《つ》かれた状態に近かったのだが、にもかかわらず、わたし自身はこういったドストエフスキイに憑かれた状態というのは、過去の歴史のなかに何度か訪れたことがあるぞ、と頭の片隅で冷たくおもっていた。

それはおそらく、わたしが一九六八年の一年間、企業につとめながら、夜の時間のみはドストエフスキイに憑かれて暮していたという個人的な体験を、すでに経ていたからであったろうか。学生のまま、全共闘運動に直面していたら、じぶんのドストエフスキイに憑かれた状態を客観視するようなぐあいには、たとえ頭の一隅ではあるにしても、なれなかったにちがいない。

ともかく、その結果、『ドストエフスキイと日本人』を書いたわけだったが、かといって現代日本文学に対する飢渇感がいやされるわけではなかった。わたしは当時文芸雑誌をよみつづけていたが、六八、九年から七〇年代前半にかけて、心をうならせるような作品には、出会わなかった。

いま、何の資料もみないで、想いだせる作品というと、高橋和巳《たかはしかずみ》の『黄昏の橋』とか、三島由紀夫の『豊饒の海』のほかは、清岡卓行《きよおかたかゆき》の『アカシアの大連』、古井由吉《ふるいよしきち》の『杳子《ようこ》』ぐらいである。わたしはそれでも「つまらない、つまらない」といいつつ、文芸雑誌をよみつづけていた。ただ一つ、名まえも知らない作者の『十九歳の地図』（一九七四年）という作品だけは、何となく気になって頭の底に残っていた。

これが、中上健次《なかがみけんじ》の作品だということは、その数年後、かれが『岬』で芥川賞（一九七六年）をとったとき、はじめて気づいたのである。それまでは、誰の作品ともわからずに、記憶に残していたのだった。その記憶を新たにしたのが、一九七五年の連続企業爆破事件で、この事件がおきたとき、わたしは、「あッ、これは『十九歳の地図』の作者がおこしたものだな」とおもった。

もちろん、わたしとても、現実の事件と、フィクションを同一次元で重ね合わせているわけではない。それゆえ、一昨年、中上と対談したときに、「連続企業爆破事件は『十九歳の地図』の作者がおこしたものではないか、と瞬間的におもったね、象徴的にいえばさ」と述べたわけだった。

象徴的に、というのは、これが、地方から都会に出てきた青年の、都会で根こぎされてしまった憤怒を社会に投げつけた作品である、という意味である。このばあい、社会とは、家庭でも、市民生活でも、企業でも、それらをふくむ近代社会でもいい。とにかくそれらに対して、地方出の青年が〈生存のたしかさ〉を悲鳴とともに吐きだしている。爆弾は、その悲鳴を象徴していたわけだった。

いま、単行本の奥付をみると、『十九歳の地図』は、一九七三年六月号の『文芸』掲載となっている。一九七三年六月というと、わたしが『風土からの黙示』を書いていたころのことである。

そういえば、憶いだした。連続企業爆破事件が発覚したころ、わたしは「ラスコーリニコフは死んだか」(『時代の刻印』所収)という文章を書いたが、そこに、連続企業爆破事件が「警察とジャーナリズム」からアナキストのしわざとよばれたことに関して、こう書いている。

たとえばわたしは、七四年に『風土からの黙示』という本をだした。これは副題を「伝統的アナキズム序説」という。伝統的アナキズムとアナキズムというのは、全然別で、などとわたしは弁解しない。その代わりに、警察とジャーナリズムから、そんな題をつけるとはおまえも鬼畜《きちく》のたぐいだ、と忠告されたと、脳裏に刻みこむことにしよう。

実際、わたしは石川啄木が「無政府主義はどこまでも最後の理想だ」と書いていることなども想い浮かべつつ、アナキストというのは「ほめ言葉だ」とおもっていたのである。むろん、このいいかたには誇張がふくまれているが、にもかかわらず、究極に国家の消滅、階級の廃絶をめざさないような思想というものを、わたしは信用しないのである。

これを、思想的にいえば、「アナキズム」ということになるが、しかし、アナキズムを掲げているがゆえに、現実に対しては、破壊的、暴力的であればいい、というのは、紙上革命者の謂《い》いである。そんなラディカリズムも、わたしは信用しない。

かつて、「コンミューン」を唱えていた（『孤島コンミューン論』、一九七二年）わたしが、「共同体」というようになった（『共同体の論理』、一九七八年）ことを、「転向」などというひともいるが、いいたいものにはいわせておくのがよいのである。

現実をかいくぐってのち、なお夢がうたいつづけられるかどうか、これが問題なのである。夢をうたいつづけたいがために、現実との対決を回避し、汚れにそむことを怖れるのは、思想者の立場ではない。

しかしまあ、原則論でいきんでいても、仕方がないだろう。それより、わたしたちが現実からどう言葉を汲みあげ、それをどう文学や思想に組みあげるか、である。ただ、その現実それじたいが、この十年間で、みごとに変貌をとげた。この急激な変貌は、一九六四年をきっかけとして、わがくにが〈近代日本〉という枠組を脱して、〈近代〉そのものに突入したことによって生じている。しかも、わがくにが〈近代〉そのものに突入したとき、それはすでに「末路」に到達していたのだった。

こういった社会の急激な変貌に対応するのは、〈近代日本〉のなかで形成された〈純文学対大衆文学〉というギルド意識や、〈都市と農村〉といった対立構図が役に立つはずがない。文学は社会の急激な変貌に対応するために、ドキュメンタリー的な性格をおびさえする。中上健次の『蛇淫』とか、立松和平《たてまつわへい》の『遠雷』とかは、純文学対大衆文学の裂け目というか、そういう対立構図を溶解させようとするニュージャーナリズムの勃興（たとえば沢木耕太郎）と踵《きびす》を接して生まれてきた文学にほかならない。

それらは、ジャンル意識を溶解させ、また「いかがわしい現実」、というより「風俗」を扱っている。が、そのいかがわしさは現実の変貌のエネルギーを、直接的に反映したものにほかならない。映画にしろ、音楽にしろ、それらが勃興してくるときに、いかがわしくないものがあろうか。

開高健《かいこうたけし》は村上春樹の『1973年のピンボール』について、「まだまだ饒舌な部分が多い、それを削って三分の一程度にしろ」というようなことをいったが、その饒舌とか、余計な部分とはおそらく、この小説にある、イキな会話とか、登場人物の性格やストーリーには関係ないディテールへの固執の部分のことであろう。たとえば、こうである。

昼休み前に共同経営者が銀行に出かけた後、僕は事務所のダイニング・キッチンで女の子が作ってくれたスパゲッティを食べているところだった。スパゲッティは二分ばかり茹《ゆ》ですぎて、バジリコのかわりに細かく切った紫蘇がかかっていたが悪くはない味だった。僕たちがスパゲッティの作り方についいて討論している最中に電話のベルが鳴った。

ここにある、スパゲッティの茹でかたや、その料理方法などについては、登場人物の性格やストーリイには関係ないディテールであろう。

しかし、はたしてそうか。かつての登場人物たちが、その人格を「革命だ自由だ宗教だ」というような言葉で自己を形成していたとするなら、現代のつまりアメリカと横一線にならんでしまった〈近代の末路〉の青年たちは、スパゲッティの茹でかたとか、どこ製のセーターとか、何年にみた映画とか、そういった「好み」の「細部」で自己を形成している。

とすれば、こういった現代青年を、「思想」がない、社会の「全体」がみえていない、歴史を「遠望」できていない、などといった言葉で批評したところで、何の効果ももたない。それらの言葉は、かれらのわきを空しく通り抜けてゆくだけである。

批判はすべて、内在的になされねばならない。すなわち、現代生活のただなかへ身を沈めたところで、言葉を汲みだしてこなければならないのである。

いったい、この十数年の社会的変化は大へんなものだった。こういった時代に、言葉が変質しないということがありえないのである。革命、平和、善、美……これらはすべて抽象概念であるが、とすれば、それらが基底にしている実体概念、農村、地方、大衆、貧困、犯罪の内容がどんどん変化をしていっている時代に、これらの抽象概念が変質しないわけはないのである。その変質に気づかずに、革命とか、平和とか、善とかを相変らず掲げるならば、きくものは当然シラケざるをえないであろう。そうではないか。

農村といえば、これまでどうしたって、コメづくりを中心として、家族を労働の単位とし、そこには共同体が編まれていた存在と考えられてきた。しかし、これは、〈近代日本〉のなかで自己形成をした人びとの観念であり、メンタリティのなかの農村像にほかならないのである。

ところが、現代において、農村はコメづくりもふくめた、トマトづくりであり、ニワトリ飼育であるのだ。働き手は、地方のムラに残ったジイちゃんやバアちゃんであり、あるいはまたやむをえず地方に戻ってきた青年である。共同体もまた資本主義にくみこまれた、つまり農協なり国の農業政策なりの支配下に置かれた形態をとらざるをえないのである。このことを、現代の青年たちは風俗や現象を通して、先天的に知っているのだ。

とすれば、現代を描くためには、どうしても、そういったトマトづくりやニワトリ飼育をしながら地方に残っている青年が主人公でなければならない。あるいはそういう青年が、鬱屈にまかせてオートバイをのりまわしている姿でなければならない。小説は、そのかぎりにおいて、現代の風俗や現象を描く、ドキュメンタリー風のものでなければならなくなるのである。

としたら、そういう青年を相手にした中上健次の『岬』や『枯木灘』や、立松和平の『遠雷』や、そうして小檜山博《こひやまはく》の『出刃』がやっと、状況に追いつき、そうしてそこで権力の歴史ならざる歴史、つまり中上のいう「物語」を紡ぎはじめた、といえるのではないか。

これらの小説が時代の底質をえぐりはじめたといえるのに対して、批評はまだ、それらの小説の後追いをはじめた段階にすぎない。言葉の抽象化が必要な批評は、社会的な変貌に、まだとまどっているといった状態なのかもしれない。

——引越して、外房線を使うようになってから、四ヵ月たった。そのあいだ、ずうっと気にかかっていたことがあったが、先日やっと答えがでた。

それは、引越して間もないころ、外房線のどこかの駅の名所案内で、「荻生《おぎゅう》徂徠《そらい》先生勉学地」といったような文字をみたのである。ところが、そのときは、「ああなるほどな」とおもったばかりで、駅の名をたしかめようとしなかった。これが失敗のもとで、それ以来、何度となくその駅を探そうとしたのだが、いっこうに見あたらないのである。

その駅が外房線の千葉から先で、わたしの乗り降りする長者町の手前にあることは歴然としている。ところが、長者町から電車にのると本を読みだし、気がつくと千葉を通りすぎていることがほとんどだし、夜のばあいは酒をのむのに夢中だったりして、駅名もわからない。そんなことで、四ヵ月ちかくがすぎてしまったのだった。

そのあいだ、何となく落ち着かなかった。あれは白昼夢《はくちゅうむ》だったのかしらんなどとおもったりしたが、荻生徂徠が少年時代に上総《かずさ》地方にいたことは「事実」だから、これはわたしの観察力というか注意力がたりないせいかもしれない。そうおもって、何となく不安だったのである。

ところで、徂徠が少年時に上総地方にいた「事実」をわたしが知っていたのは、わたしたちの歴史思想研究会が昨年（一九七八年）いっぱい荻生徂徠をテキストとして採りあげたからであった。徂徠は江戸に生まれた。しかし、徳川綱吉《とくがわつなよし》の侍医であった父親が綱吉の不興《ふきょう》をこうむり、上総国長柄郡二宮庄本能村に流罪になった。このため、徂徠十四歳のとき、一家もろとも上総に移り住んだ、というのが、その「事実」だった。

徂徠と上総地方との関わりは、研究会の席上でも、ずいぶんと話題になった。関わりの事実如何、ということではなくて、江戸に生まれて十四歳までその文化を吸収したものが、地方への移住を余儀なくされたとき、その文化的偏差の影響がどのようなかたちとなって残るか、ということだった。それに徂徠が上総地方にいたのは、十四歳から二十五歳までの十有二年間である。その年齢は、常識的に考えても、精神形成期のほぼ全過程にあった。これが、徂徠の精神の何ごとかを形づくらなかったはずはない。研究会で話題になった、徂徠と上総地方との関わりとは、つまりこういうことであった。

それが、わずか一年ほどまえの話題であっただけに、わたしが徂徠の勉学の地というのは実際にどんなところであったか気にかかっても当然であろう。では、最初にそれをみつけたとき、なぜもっとよく注意してみなかったのか、といわれると、どうもあのときは酒をのんでいて注意力が散漫になっていましたから、と答えるしかない。

ただ、わたしが名所旧跡といったものに、ほとんど興味をもたない質であることと、それゆえ、そのとき、徂徠のすんでいた場所を訪れてみようという好奇心をおこさなかったこと、それが駅名に注意しなかった理由にちがいない。研究会のメンバーのなかには、三田の徂徠の墓までわざわざ詣でたひともいるのに、よりによって、駅名のごときを見逃すなんてと、わたしは舌うちをした。

わたしは名所旧跡といったものにほとんど興味をもたない。にもかかわらず、徂徠勉学の地にこだわったのは、さきの研究会の席上における文化的偏差の問題をおもいだしたからである。もっとも、徂徠が上総地方の風土と歴史、そうしてその文化それじたいに影響をうけたとは、あまり考えられない。それどころか、上総はかれにとって文化果つるところだった。「送ル㆓岡仲錫徒ルヲ㆑常ニ序」(岡井孝先の常《ひたち》に徒《うつ》るを送るの序)に、こうある。

余は幼くして先大夫に従って南総の地に遯《のが》れた。都を去ること二百里(中国里による)であるから、さほど遠くはない。ただ、そこは「諸国ノ領セザル所」すなわち天領で、侍もいない。そこで「国農ト樵牧ト海蜑ノ民ト之レ与《とも》ニ処《お》ル」の生活を送った。じぶんは書物を読むのを好んだが、「書ヲ借ル可キ無ク、朋友親戚ノ歓《たのし》ミ無キコト、十有二年ナリキ矣」だった。たいへん悲しかった。

これをみると、徂徠が文化的中心地から文化果つる処に移って、ただ歎いていたようにもおもえる。ところが、決してそうではない。かれはこの文章を、次のようにつづけているのだ。

しかし、じぶんはこの文化果つる地に移ったことによって、「都人士ノ俗」に染まらなかった。それに、書物を読むのに、周囲の「民間ノ事」と照らし合わせて読んだから、すべて民衆の生活の現実に即して読むことができた。このためわずかの学問でも徹すれば、都の多識を超えることがわかった。もし、じぶんが江戸をはなれることがなかったら、たんに「都人士」になったのみだろう。

これは、江戸という「天下ノ大都会」から常州の田舎《いなか》へと下ってゆく岡井孝先を元気づける目的をもって書かれた文章である。が、意外に徂徠の本音もあらわれている。かれの武士土着論は、侍が民衆の生活の現実から離れて、あまりにも空疎で形式ばった政治をやるようになったことへの批判として成立した論理であるからだ。ともあれ、こういった徂徠の文章は、かれが上総への移住を文化的偏差において捉え、文化果つる地を、既成文化に対する逆攻の根拠地（わたしのいいかたによれば辺境）としたことを示している。

さて、しかし、徂徠の名を記した名所案内の看板は、どの駅にあったのか。七月のはじめのことだった。あまりの暑さに本を読むのにも疲れて、わたしは電車の窓からしきりに外をながめていた。すると、本納駅のホームの名所案内の看板に「荻生徂徠勉学の家と母の墓」と書いてあるのが目にとまった。それによれば、本納駅西二・五キロの地点にそれがある、という。

徂徠の母の墓というのも、この看板ではじめて知った。しかしそんなことより、このときのわたしは、長柄郡二宮庄本能というのが、本納にほかならないことを気づいていれば何てことはなかったのに、といささか拍子抜けしてしまったものだった。(「文化の偏差について」)


――右の文章は、表題を「文化の偏差について」という。『磁場』十九号(一九七九年秋季号)に掲載されたものである。それゆえ、冒頭にある「四ヵ月たった」という表題は、七九年秋の時点でのもので、いまでは、二年たった、といいかえなければならないのかもしれない。

それはともかく、わたしが現在すんでいる地域に対する認識は、その時点と大して変わっていない。もちろん、地方の、それも純農村といった感じの地にすむようになった関係上、その土地のひととのさまざまな接触は生まれずにはいない。が、その風土や歴史については、まったく知らないといったほうが真実にちかいであろう。

わたしがこういう未知の土地にすむようになったのは、「東京にとどまっている理由は別に何もない」と考えたからである。そして、その考えをもっと積極的に押しすすめて、喧騒の東京から遠ざかってみようとしたからである。

わたしは「〈物語〉の現代的アポリア――中上健次私見」(『文芸』一九八〇年四月号)で、中上に対して、「もっとも現代的なアメリカに進んでゆくのがよいのか、あるいは現代から何歩も退いてみるのがよいか」といった提言をしているが、これはわたし自身における問いかけでもあったのだ。言葉を、「同時代＝私」といったかたちでしか吐きだせないのが、わたしの特徴であるかもしれない。

このことは、次にひく「アフリカ経由ベルギー」(『而シテ』第一〇号、一九八〇年八月三〇日付)という、短文についてもいえるはずである。

北アフリカの小さな国チュニジアを訪れたのは、昨年(一九七九年)暮れから今年（八〇年）の始めにかけてのことだった。わたしはそのチュニジアの地中海に面したジェルバ島で、ベルギー人の女性と知り合いになった。ジェルバ島は、いってみれば、北ヨーロッパにとってのリゾート地帯である。パリから飛行機でわずか二、三時間の距離にあるジェルバは、暗く、寒い冬を送らねばならない北ヨーロッパの人びとにとっては、絶好の避寒地となっているらしい。一月のはじめでも、二二、三度の気温で、プールで泳ぐことさえできたから、クリスマスから正月にかけての休暇を、ここまで来て過ごす北ヨーロッパ人に、ずいぶんと出会ったものだった。ドイツ人、フランス人、ベルギー人……。

わたしはそのいくにんかと知り合いになったが、そのなかに二人連れのベルギー人女性がいた。ひとりは小学校教師で、ひとりは演劇学校教師ということだった。その小学校教師が、わたしが本をよんでいるのをみて、「何をよんでいるのか」と尋ねたのである。わたしがその旅行に携えていった本は、大江健三郎の『同時代ゲーム』と、カナファーニーの小説集と、数冊の推理小説だったが、そのとき手にもっていたのは、カナファーニーのものだったので、そう答えた。

すると、かの女は、「それはパレスチナの作家ではないか」と語気鋭く（そう感じられた）問いかけてきた。そのとおりだったので、「そうだ」と答えると、かの女は、「日本人はパレスチナ支持なのか」と再び詰問してきた。

会話がここまできて、はじめてわたしは、「ああ、ベルギーはイスラエル支持国だったな」と思いあたったのだった。それにしても、国の政治姿勢と個人の考えはおのずから別だろう、と漠然と考えていると、かの女は「われわれはイスラエル支持である」と断固たる調子でいったのである。イスラエル支持者が、アラブ世界のはじっこに遊びに来ているのもおかしなものだな、といった皮肉な感じもおぼえないではなかったが、かの女が「日本人はパレスチナ支持なのか」と問い詰めたことに対しては、答えを出さざるをえなかった。

そこでわたしは、こう答えた。「日本は、政府としてはイスラエル支持を打ち出している。しかし、民族感情としてはアラブ支持、パレスチナへの同情が一般的とおもう」と。

こういった答えは、日本を西欧への同盟国として考えようとしていたベルギー人女性を、ちょっととまどわせたらしかった。そのとまどいの表情をみながら、わたしはただたんに北ヨーロッパの小国と考えていたベルギーが、わたしのなかに大きな暗い影を落しており、その影がもくもくと沸きあがってくるのを意識せざるをえなかった。

ベルギーは、本国は小さな国である。しかし、かつては中央アフリカをはじめとする広大な植民地をもっており、かなり強引な植民地主義を政策としてとっていたのだった。とはいえ、そのことがわたしにとって大きな暗い影として意識されたわけではなかった。それだけのことなら、日本が台湾や朝鮮や満州でやっていたことと、さして差はない。いや、正確にいえば、日本のそういった植民地主義は二十世紀ちかくになってから西欧諸国を模倣しはじめたものにすぎなかった。

わたしにとって、ベルギーが大きな暗い影として意識されたのは、一九六〇年前後のベルギー領コンゴの独立をめぐっての闘争が、当時十四、五歳のわたしにきわめて大きな影響を与えていたからだった。中学生だったわたしはほぼ半年をかけて、『コンゴ動乱』と題した二五〇枚ほどのレポートを作成したほどだった。ひと言でいえば、コンゴの初代首相となったルムンバは、わたしにとって「アフリカの耀ける星」であったのだ。

ところが、そのコンゴの解放・独立闘争の指導者であったルムンバは、このすぐあと、何者かの手で暗殺されてしまったのだった。この事件が少年のわたしに、政治の醜悪さ、汚なさを象徴するものとして了解された経緯については、ついさきごろ、埴谷雄高《はにやゆたか》作品集（河出書房）の13巻月報に、「早すぎる回想」として記したばかりである。暗殺の下手人は、いまだ謎とされているが、一九六〇年前後のアフリカ諸国の独立の嵐を憎悪していた西欧諸国の手になるという説が、もっとも有力である。

むろん、この「西欧諸国」には、ルムンバによって最も大きな被害をこうむったベルギーがふくまれることは、改めていうまでもないだろう。ともかく、ベルギーという名は、この二十年間わたしの意識の底のほうに、暗い影として沈められていたのだった。わたしはその名を忘れかけていた。ベルギーの女性と知り合いになっても、北ヨーロッパの一国というふうにしか、一瞬考えつかなかった。しかし、「日本人の民族感情としてはアラブ支持、パレスチナ同情だ」というわたしの答えをきいて、とまどいの表情をうかべているベルギー人女性の顔をみているうちに、意識の底のほうから、二十年まえの記憶がわきあがってきたのだった。アフリカを経由したベルギーの名は、わたしに民族主義の意味を改めて考えさせるものとなった。(「アフリカ経由ベルギー」)

さてところで、明治時代の著述は、その末尾によく、「諸家の評」というのをまとめて併載していた。わたしが直接みたもので、いま憶いだせるものというと、中江兆民《なかえちょうみん》の『一年有半』、北一輝の『純正社会主義の哲学』、柏倉一徳《かしわくらいっとく》の『貧民教育策』、魯国《ろこく》ドストエフスキイ(日本不知庵訳)の『罪と罰』などである。

こういう「諸家の評」併載の書物のつくりかたは、江戸末期の写本づくりの伝統を引き継いでいるのではないかとおもわれるが、どうであろうか。吉田松陰の『講孟余話《こうもうよわ》』などは、山県大華《やまがたたいか》の批評を逐条的に併載していたはずである。

このような書物のつくりかたがいつごろからなくなったのか、書誌学者でないわたしにはよくわからないが、昭和になってからではないだろうか。戦後の書物で「諸家の評」併載という形式は、ほとんどみた記憶がない。

それはともかく、わたしにはこの「諸家の評」併載という書物のつくりかたを、羨ましいな、とおもう感情がある。それは、この形式に、著者と読者との知的協同体が成立しているようにおもえるからであろうか。もちろん、諸家(諸紙)というのは、読者のごく限られた部分にちがいない。しかしそれにもかかわらず、著者はこの諸家（諸紙）の批評の紙背《しはい》をとおしてしか、未知の読者にわたりあえないのが、一般的な状況である。

としたら、わたしがこの形式に、著者と読者の知的協同体が成立しているようにおもうのも、あながち幻想とばかりはいえないだろう。わたしもいつか、そんな形式の著述をもってみたい、とおもっていた。ただ、その形式を踏襲するだけでは、あまりにも懐古的で、芸がない。それに、知的協同体が一往復に終わるなら、それはお互いの意思の伝達にすぎないだろう。

わたしはもっと重層的な共同空間をつくってみたかった。そのために、諸家の評を媒介として、本書のような「後記」形式を試みたのである。

もちろんそのために、本書がきわめてポレミック（論争的）な様相を呈していることは、読者のみられるとおりである。しかし、元来わたしは、ダイアローグ（対話形式）の思考よりも、モノローグ（独白形式）の思考を好むたちらしいので、その文章が内面吐露におちいってゆく弊害をとりのぞくためには、ポレミックであることもまた仕方のないことなのかもしれない。

処女作ともいえる『若き北一輝』（一九七一年）は、評伝ふうの作品でありながら、ポレミックな作品という評があった、と記憶しているが、当時のわたしには、それがなにに由来するのかわからなかった。いま考えれば、他者との共同性の希求が、無意識にそのような文体を生んでいたのかもしれない。

わたしは本書で、「同時代＝私」という発想をとりながら、他者との共同性を希求している。これがわたし自身からみた本書の性格かもしれない。

（一九八一年、第三文明社刊）

石川啄木

いまは、十一月の末。氷雨をおもわせる冷たい雨が降っている。近くにある丘のような房総の山さえ、白くかすんでいる。

この原稿を書きはじめたのは、たしか肌のあせばむような昨年の初夏のことだった。とすれば、わたしはこの仕事に、一年半も携わっていたことになる。「近代日本詩人選」で啄木を担当することに決まってからは、三年ほどの時間がたっていることになる。

長くつらい時間がすぎた、というのが、現在の卒直な感想である。三冊分ぐらいまとめて書いたような疲労感が残っている。実際、四たびにわたって、全体に書き加え、修正、削除をくり返した。

わたしがつらいと感じたのは、担当編集者の間宮幹彦さんからの毎週の原稿催促と執拗な疑問符に追いかけられつづけたせいもある。かれとは以前からのつきあいだが、こんどばかりは、偏執者じゃないか、とおもったくらいである。（間宮さん、すみません！）ただ、それをつらいと感じたのは、わたしの原稿がうまくすすまないことに対しての結果であって、いわば外的な要因である。

　これに対して、内的な要因、つまりわたしの原稿がうまくすすまなかったのは、この二、三年のあいだに、わたしの関心がある〝移行〟を示していたからではなかったか。その関心の移行は、領域に関してのものではなかった。たしかに、わたしはそれまでの政治思想から文学評論へと仕事の領域を移していた。いわゆる「政治から文学へ」である。しかし、政治も文学も自己表現という点からみれば、同次元のものだ、というのが、わたしの基本的な考えである。

　では、その関心の移行は、対象に関してのものであるか。いうならば、北一輝から石川啄木へ、か。ちがうとおもう。わたしは一九七三年の『革命的ロマン主義の位相』で、すでに北一輝と石川啄木とを併置しており、この両者に、中里介山、出口王仁三郎《でぐちおにさぶろう》を加えた四人が、わたしの十年まえからの精神史的な関心の対象だったのだ。わたしには、この四人の精神史を押さえれば、〈近代日本〉における精神的祖型の可能性と限界とを明らめることができる、という確信があった。その意味では、啄木をとりあげた本書は、その叙述がいちじるしく詩の世界に入り込んでいるにしても、四部作のうちの〈三〉ということもできる。なお、出口王仁三郎については、大本教史《おおもときょう》の問題がからむので、まだ出来るとも出来ないとも断言しきれない。それゆえ、当面は、北一輝と中里介山と石川啄木とで、三部作ということになろう。北一輝は来年から結末にもちこむつもりである。

さて、わたしの関心の移行が、領域に対してのものでも対象に対してのものでもないとすると、何についてのものなのか。極言すれば、それらの人物の精神史を扱う方法についてのものである。おそらくこれは、わたしの主体的な姿勢の問題と絡んでいるはずだ。この二、三年、わたしの仕事は、激しい分裂をきわめているようにみえたらしい。一方では原理論的なものに拘泥しながら、他方では現象論的なものに手を染めすぎている、と。

他人にそうみえたのは、当然のことである。原因は、わたしの関心の移行にかかわることだったからである。つまりわたしは、原理論的な構築のためには、現象に即した実感的な分析が不可欠である。そしてそのためには、一見俗に堕ちたかにみえるまでに、状況のなかに身を沈めねばならない、と考えはじめていたのだった。

これはもしかしたら、啄木との直接的な向きあいがわたしに強いた方法の変化だったのかもしれない。なるほど、わたしはいままでも、出来上がった思想より、それがエートス（生活感情）から汲みあげられてくる過程に興味をもっていた。しかし、こんどはそれが徹底していた。おそらくわたしは、啄木の〈うた〉を理解しようとして、十年まえに設定していた歴史的な視座から離れて、啄木の生きた明治末年の状況のなかへより深く身をのり入れていったのである。そしてそれが、これまでわたしが歴史的な視座から原理論へ向かっていた姿勢を、そのためには状況的な視点をいちどかいくぐらねばならないという姿勢に変えたような気がする。もちろん、これは過程であったから、傍目《はため》には〈原理論と現象論〉、〈歴史的視座と状況的視点〉との、二極分裂に映ってみえても仕方がなかったのである。

ともあれ、こういったわたしの関心の移行は、本書に即していってみれば、啄木の思想や文学の内部構造の解明のためには、かれが〈近代日本〉の確立期である明治末年の「生活」において汲みあげてきたエートス（生活感情）をどのように「作品」化していったか、という点に焦点を合わせる方法を生んだ。これはしかし、石川啄木という詩人が、つぎつぎに自己の殻を喰い破ってゆく生きかたをしたのであってみれば、その詩を理解する唯一の方法でもあったろう。

不断の自己否定とでもいった生きかたをした詩人に、歴史的な視座をもって接するならば、わたしのほうはその生き方の結末を知っているのだから、傷つくことは少ないにちがいない。それゆえわたしは、その明治末年というカオス（混沌）のなかでどこへ進むのかわからない啄木に寄り添って、ともに傷ついてみようとしたのである。この方法のもつ困難さが、よけいに長くつらい時間の意識をわたしに与えたのだろう。

啄木との接触が、今後のわたしに何を生むのか、それはわからない。いまは、「ちょっとの休息を」といいたい気がするだけだ。

（一九八二年、筑摩書房刊）

22

太宰治とその時代　含羞のひと

「転形期」という言葉は、辞書にはのっていない。わたしがこの〝事実〟を知ったのは、竹内好全集編集委員会の席上においてだった。そのとき、竹内さんの六〇年安保ごろの日記に何か見出しをつけようという話になり、それなら単行本の題ともなった「転形期がいい」と、その言葉が好きなわたしは強く進言したのだった。

するとあるひとがニヤッと笑いながら、「それはいいけどね、でも『転形期』という言葉は辞書にのってないんですよ」といったのである。わたしは愕然とした。編集委員会の席上で二、三種類の辞書をあたってみただけでなく、家へ帰っても、漢和辞典その他を引いてみた。どれにもなかった。

これはどういうことなのだろう。たしか、昭和十年代の亀井勝一郎に『転形期の文学』という著作があり、四十年ごろには誰だったかの『転形期の経済思想』という本もあったと記憶している。それに、花田清輝の『日本のルネッサンス人』のなかには、「古沼抄」という「転形期の風景」を描いた絶妙な一章もあった。

それやこれやで、わたしはすべてのもののかたちが崩れ、しかもまだ新たなるもののかたちが定まっていないカオスの状態を「転形期」とよぶことは、一般常識化していると想い込んでいたのだった。それゆえ、戦前の、〈近代〉の没落過程における文学の変貌の様相（夏目漱石から坂口安吾まで）を扱った『滅亡過程の文学』を、わたしははじめ「転形期の文学」といったふうの題にしようか、と少なからず迷ったのではなかったか。それが辞書にのっていないとは……。わたしは呆然とさえした。

もちろんだからといって、わたしの「転形期」という言葉に対する愛着は変わるわけではない。ただ、それは畢竟《ひっきょう》、知識人好みの言葉なのかもしれないな、という反省をわたしに起こさせはした。それと同時に、『滅亡過程の文学』に収められている諸論を書き継いでいた当時のわたしの危機意識を想い起こさせてもくれた。その危機意識とは、あえていえば、卑怯な健康よりデカダンスを、というものであったろうか。

この、卑怯な健康よりデカダンスを、という病理は、時代が根底より崩れ、かたちを変えてゆくときに生ずる普遍的な危機意識にちがいない。つまり、転形期の病理である。太宰の『右大臣実朝』には、「アカルサハ、ホロビノ姿デアラウカ」という有名な言葉が記されているが、これは、太宰による転形期の病理に対する自己批評にほかならなかった。

太宰はどうして、このような自己批評に到達したのか、わたしはその秘密が知りたかった。というのは、『滅亡過程の文学』を書いているころのわたしは、時代が大きく変容していくとき、生きてゆくのはつらい、という歎き節をうたうのでなく、その転形期に太宰がどのように文学を成立させたのかを読み解くことによって、デカダンスに泥《なず》む道をみずからに断とうとしていたからである。

たしかに、生きてゆくことはつらい。それは、生きるということが汚れるということにほかならないからである。生きて、つまり時代とともに汚れて何が悪いか、そういらだちに似た言葉を吐いてみるものの、生きるということが汚れるということである事態は変わらないから、生きてゆくつらさもまた消えるわけではない。としたら、つらさを背負いつつなんとか生きてゆくしかない。これが、『滅亡過程の文学』を太宰治というひとりの作家に焦点をしぼりこんで書いてゆこうとしたときの、わたしの心境であったろうか。

なお、連載をはじめたあとで、鶴見俊輔《つるみしゅんすけ》氏に「太宰治とその時代」（『戦後を生きる意味』一九八一年所収）と題した論文があることを知った。結果として、同題のものとなったことを、ここで断っておきたい。

わたしが「時代」という言葉でいおうとしたものは、じつは太宰という作家の内面において捉えられた〝転形期〟のことであるという点に、鶴見氏との視角のちがいがあるといえばいいえるだろう。

（一九八二年、第三文明社刊）

歴史の精神　大衆のエトスを基軸として

23

歴史批評という試みは可能であろうか。歴史研究でもなく、歴史叙述でもない、歴史の批評――。わたしはその可能性について、かなり長いあいだ、思い悩んできたような気がする。しかし、いまでは歴史批評という方法は自己批評のために不可欠なものだ、とおもえるようになった。

そうおもえるようになったのは、自己という存在をじぶんが誕生してから死滅するまでというふうに限定することが、いかにわたしたちの思考を狭め行動を縛っているか、と考えるようになってからである。

すなわち、ひとの生きている時間というものは、つねに過去の引き継ぎであり、未来の萌芽《ほうが》である。個人のオリジナリティとは、過去と未来の橋渡しの仕方（断絶をもふくめて）にしかない。そう考えたとき、過去としての歴史を批評することは、現在の自己を批評することに通じてゆくにちがいない、という着想を得たのだった。

おもうに、歴史とは「すでに終わってしまった過去」ではないのである。それは、「今日」を生きているわたしたちの「ほんの昨日」にすぎない。未来とは、永遠のさきのようにみえて、それはたかだか三十年さきの死の茫漠にほかならないのである。

わたしはこの十年ほど、どちらかといえば歴史研究に属するような『風土からの黙示』、『歴史という闇』、『在野の精神』といった著述を公けにしながら、歴史とは「ほんの昨日」にすぎない、と実感しつづけてきた。そして、そう実感するとともに、としたら、歴史をじぶんが生きてきた「ほんの昨日」として批評することはできないか、とその想いを次第に反転させたような気がする。自己批評の一方法としての歴史批評という試みは、かくて、この十数年の歴史研究の時間がわたしにもたらしたものということができるだろう。

歴史批評とは、ある意味で、歴史という「ほんの昨日」を送ってしまった民族の自己批評にほかならない。それは、明治維新も自由民権運動もアジア侵出も天皇制ファシズムも、すべて自己の体験として捉えてみようとする試みである。

歴史研究や歴史叙述が、歴史を「今日」を生きる自己の彼方に客体化しているとするなら、歴史批評は、「ほんの昨日」としての歴史の精神を主体的に生き直してみようとするものである。わたしがここで、この数年来の歴史エッセイを「歴史の精神」と名づけたのは、とどのつまりそういった意図にもとづいてであった。

だが、その試みにおいて、わたしは歴史批評の基軸をどこに据えようとしたのか。もしそこに一定の基軸がないとするなら、それは歴史随想にすぎないではないか。

これについては、わたしは確信をもって、次のように答えたい。

歴史批評の基軸は、その「ほんの昨日」の歴史を生きた人間のエートス（精神）とは何だったのかを見きわめることにあるのだ、と。これは、わたしが歴史をどう生き直しているか、という自己批評の基軸でもある。

ともあれ、わたしは本書に収めた諸エッセイにおいて、「エートス」という言葉をキー・ワードのごとくに用いている。ときに、それは肉声と訳され、生活的感情と註釈され、心性あるいは精神とも呼び換えられている。このことは、「エートス」の訳語が一定していないというよりも、本来的に、エートスというものがいまだ言葉となり終わっていない思想や文学の状態、つまり思想や文学へと凝ってゆく以前の精神のカオスのさまを指しているからである。

それは、大衆の生活のなかで育《はぐく》まれ、大衆を歴史的に生かそうとする内的なベクトルにほかならないものである。翻っていうと、思想や文学はこの内的なベクトルに言葉を与えるものでなくてはならぬ、ということである。

同様に、歴史批評が自己批評の方法として自立するためには、歴史の底に沈淪《ちんりん》する大衆のエートスとは何かを見きわめることによって、歴史の内的なベクトルを明らかにする必要があるわけだ。いいかえると、歴史批評の基軸は、歴史を生きている大衆のエートスとは何かを見きわめるということ以外にないのである。

わたしのこの十数年の歴史研究は、かくて、歴史批評の地平へと辿りついた。

（一九八二年、柏書房刊）

24

挟撃される現代史　原理主義という思想軸

かつて平和運動の象徴的存在であった清水幾太郎《しみずいくたろう》（社会学者。一九〇七〜一九八八）が、核武装への道を提唱した『日本よ国家たれ――核の選択』を発表したのは、一九八〇年のことだった。かれ自身がその旗振り役をはたした六〇年安保闘争から、ちょうど二十年の歳月がたっていた。

この論文で、清水は次のように呼びかけていた。いわく、「国家というものを煎じつめれば、軍事力になる」。とすると、軍事力なき戦後の日本は国家でない。それゆえ、現在的に有効な軍事力としての核武装をすることによって、日本は「国家たれ」、と。

こういった呼びかけに対して、左右両翼から「清水はナショナリストに『転向』した。十年まえに三島由紀夫が投じておいた毒がいよいよ効き目をあらわしはじめた」という声があがった。だが、わたしは、そうはおもわなかった。たしかに、三島由紀夫も清水幾太郎も、ナショナリズムのある部分をわかちもっている。しかしだからといって、問題はかれらを同じようにナショナリストとよべば済むというものではない。そういった把握のしかたは、アメリカのある学者が、柳田国男も保田與重郎もともに右翼じゃないか、といったぐらいに粗雑なものであるような気がする。

清水幾太郎の『日本よ国家たれ』は、なるほど、かれのナショナリストの一面を強くあらわしていよう。しかし、そういった清水の一面は、なにも三島事件（一九七〇年）によって強いられたものではなかった。清水はすでに三十年前の『愛国心』（一九五〇年）で、軍事力を「民族国家」（ネーション・ステイト）が自立するための不可欠の条件である、と説いていたのである。

「地球上にある何十といふ民族国家の中で真にネーションであるのは幾つあるか。私は今更《いまさら》のやうに自給自足のことを問題にするつもりはない。殆《ほとん》ど凡《すべ》ての国家は、広く経済、技術、文化の諸側面に亘《わた》って他の国々と深い相互依存の関係に立ってゐる。民族の実現と共に実現された世界は益々《ますます》生きた力となりつつある。これは多くの書物が多くの機会に説いてゐる通りである。私はただ一つの側面について注意しよう。それは現代の諸国家の戦争能力の問題である。民族国家が拡大の過程から一つの究極的単位として生まれたといふのは、それが戦争の権利と能力を有するものとして成立したといふ意味である」

——右の引用文からもわかるように、三十年まえの清水は、軍事力を「民族国家」（ネーション・ステイト）が自立するための諸側面のうちの一つ、と考えていたにすぎない。それが現在では、「国家というものを煎じつめれば、軍事力になる」というように、国家＝軍事力とでもいった思想に辿《たど》りついている。そこには明らかに、論理の単線化、思想の硬直化があるようにおもわれる。

もちろん、こういった論理の単線化、思想の硬直化が、十年まえの三島事件が与えた衝撃によって生み出された、とみることもできなくはなかろう。しかし、清水幾太郎が三十年まえから「戦争能力」、あるいは「戦争の権利と能力」

といった「民族国家」の自立の条件に注目し、それを失うと、国家は「サブ・ネーション」（これを翻訳すると、さいきんの江藤淳の用語である「半国家」にちかくなる）の状態になると警告していたことは、さきの引用文からも明らかである。それは、清水自身のナショナリズム思想にほかならない。そしてその思想の一面が、核をめぐって動く現代の国際情勢に応じてことさら強く引き出されてきた結果が、『日本よ国家たれ』なのだといってよいだろう。

清水幾太郎は、敗戦後まもない三十数年まえも、六〇年安保当時の二十年まえも、『日本よ国家たれ』を発表した現在も、かれなりの論理において、一貫してナショナリストなのである。もし、その年月のあいだに何かが変わったとするなら、それは、軍事力が民族国家の自立の一条件であるといっていたのが、「国家＝軍事力」とでもいった論理の単線化、思想の硬直化に到達していることだろう。ただそれは、清水幾太郎論に属することであり、またわたし自身すでに論じたこともある（「清水幾太郎の論理と心理」、および「思想の責任」）ので、ここで改めてふれようとはおもわない。

いま、わたしが問題にしたいと考えるのは、こういった清水幾太郎と、一九七〇年の自衛隊突入にさいして「今こそわれわれは生命尊重以上の価値の所在を諸君の目に見せてやる。それは自由でも民主主義でもない。日本だ。われわれの愛する歴史と伝統の国、日本だ」（『檄』）と叫んだ三島由紀夫とを、ナショナリズムという単一の思想的な範疇《はんちゅう》（カテゴリー）で把握することの無理についてである。同じくナショナリズムという言葉を使うにせよ、かれらは明らかに異なった地点で、民族のエートス（生活的な感情）をナショナリズム思想へと引き取ろうとしているのだ。

清水と三島の思想的に異なった地点とは、何か。むろんそれを、かれらの個人的な資質の違いに求めることもできよう。たとえば、思想の底にニヒリズムが湛《たた》えられているかどうか、そうしてその結果として、思想にロマン主義的傾向があるかどうか、である。

三島由紀夫のナショナリズムは、日本の百年を越える近代化と、戦後の民主化によって実現された「文化国家」＝〝経済大国〟の自己否定として言われている。『檄』（一九七〇年）に、いう。

われわれは戦後の日本が経済的繁栄にうつつを抜かし、国の大本《おおもと》を忘れ、国民精神を失ひ、本を正さずして末に走り、その場しのぎと偽善に陥り、自ら魂の空白状態へ落ち込んでゆくのを見た。政治は矛盾の糊塗《こと》、自己の保身、権力慾、偽善にのみ捧げられ、国家百年の大計は外国に委ね、敗戦の汚辱は払拭されずにただごまかされ、日本人自ら日本の歴史と伝統を瀆《けが》してゆくのを、歯噛みをしながら見てゐなければならなかった。

ここに述べられているナショナリズムは、現状否認的である。ところが、清水幾太郎のばあいには、現在の〝経済大国〟の状態は、自己肯定される。それどころか、〝経済大国〟という言葉に「自嘲の響」があることのほうが問題だ、とさえいう。そうして、この「自嘲の響」を拭い去るためには、経済力に見合った軍事力が備えられなければならない、軍事力をともなってこそ、日本は「国家」たりうるのだ、という「国家＝軍事力」の持論が展開されるのである。

たとえば清水は、戦後の日本が経済成長をした結果〝経済大国〟という名の「社会」になった、と指摘したあとで、『日本よ国家たれ』に、こう書いている。

戦後の日本は、国家（軍事力）であることを止めて、社会（経済活動）になった、と私は言った。経済活動の面では、大きく世界に雄飛していると言ってもよい。しかし、従来、海上輸送路の安全を漠然と頼って来たアメリカの軍事力が相対的に低下しつつある現在、日本が自らの軍事力によって海上輸送路の安全を確保しようとしないならば、即ち、日本が進んで「国家」たろうとしないならば、日本の「社会」も危くなるであろう。日本は、社会であるためにも、国家でなければならぬ。国家でもなく、社会でもなければ、否応なしに、日本は滅亡する。

ここで、清水が保守しようとしているものは、日本が「国家」である状態である。それは、現実政策としては軍事力をもつことによって獲得される、と主張されている。それゆえ、清水は核武装までを含んだ〝現実的〟な軍事力を希求するのだ。これが、近代化のはての〝経済大国〟を防衛するという、現代日本の自己肯定を前提としたナショナリズムであることは明らかだろう。その現実主義路線は、三島の現状否認的なロマン主義とは、明らかに対極にあるわけだ。

この思想の質の差は、当然のことながら、主体にとって自身の論理がもつ意味の違いとして現れる。つまり、自己否定的な三島のナショナリズムは、かれ自身の生き死にの論理を決定するものとなる。これに対して、自己肯定的な清水のナショナリズムは、自己の外にある民族＝大衆へのアピールとして表明されるのだ。翻っていうと、三島の論理は、政治を予測しない美の論理、つまりテロリズムにちかい。これに対して、清水の論理は、民族国家における政治の要求となるのである。そこには、ニヒリズムといった思想の要素がほとんどない。

だがしかし、このような三島と清水のナショナリズムの質の違いを、たんに個人的な資質の違いに還元してしまってよいのだろうか。これは、そういった違いを内包するかれらの思想を、いずれにしてもナショナリズムだ、というかたちで了解してしまってよいのか、というのと、同じ疑問である。

たとえば、軍事力を国家の中核にすえた清水のナショナリズムは、近代の「民族国家」を国家の普遍的、絶対的形態とみなし、その「民族国家」同士のパワー・ポリティクス（政治力学）を現代史の主要ベクトルと考える前提のうえに展開されている。そこでは、近代化（→〝経済大国化〟）とナショナリズムとは、対立概念ではない。ところが、三島のばあいは、そのナショナリズムは、近代化（戦後の民主主義化および経済成長）と対立するものと捉えられているのだ。

近代主義とナショナリズム（民族主義）とを対立概念と捉えたのは、竹内好の「近代主義と民族の問題」（一九五一年）を嚆矢《こうし》とするが、とすれば三島は、この忠実な祖述者ということになるのだろうか。それに、近・現代の世界史の思想的ベクトルを、近代主義とナショナリズムの二項対立において考えた竹内好の方法に問題はないのだろうか。

ナショナリズムが民族・国家・国民を一体化した近代的な「ネーション」の生成、発展を意味する思想であるとするなら、それは、西欧＝近代を文明の理念型《イデアル・ティプス》として追求する近代主義（モダニズム）と、根源的な対立を形成しないようにわたしにはおもわれる。とすれば、マルクス主義をもふくんだ近代主義がほぼ行き詰まりをみせている現代にあって、これにナショナリズムを対置することでは、〈近代〉を超える文明観を新たに創り出すことは不可能であるような気がするのだ。

三島由紀夫は、近代化（近代主義）と対立する意味ではナショナリストであった。しかしそれと同時に、かれの思想はナショナリズムと背反する側面ももっていたような気がする。ナショナリズムは、すでに述べたように、民族・国家・国民を一体化した近代の「ネーション」の生成、発展を促す思想であるが、三島が最後に到達した地点は、こういった「ネーション」の心性の極に、いわば「原理」としての〈天皇〉を据えようとする思想であったからだ。つまり、それは一種の原理主義（ファンダメンタリズム）とよんでいい。

たとえば、三島はその『文化防衛論』（一九六八年）で、和辻哲郎《わつじてつろう》（倫理学者）の「国体変更論について佐々木（惣一）博士の教えを乞う」（一九四七年）などを引きながら、天皇概念は国家概念と別のものであり、「文化共同体の象徴概念」にほかならない、というのだ。三島にとっては、明治以来の日本の近代化および戦後の民主化は、この天皇から「文化」を奪い、「文化の全体性の総括者」としての役割を簒奪《さんだつ》してゆく過程であると認識された。それゆえかれは、「文化共同体」としての日本の「原理」に〈天皇〉を据えつづけるための戦略を考えださねばならなかったのである。

そしてこの戦略が、非現実的な「原理」としての天皇と、国家の現実的勢力としての軍隊とを「栄誉の絆でつないでおく」手段にほかならなかったのだ。『文化防衛論』の末尾に、こうある。

菊と刀の栄誉が最終的に帰一する根源が天皇なのであるから、軍事上の栄誉も亦《また》、文化概念としての天皇から与えられなければならない。（中略）こうした栄誉大権的内容の復活は、政治概念としての天皇をではなく、文化概念としての天皇の復活を促すものでなくてはならぬ。文化の全体性を代表するこのような天皇のみが窮極の価値自体《ヴエルト・アン・ジツヒ》だからであり、天皇が否定され、あるいは全体主義の政治概念に包括されるときこそ、日本の又、日本文化の真の危機だからである。

こういった「菊と刀」を〈天皇〉に「帰一」させる三島の戦略は、一見、「王政復古」をめざす復古主義者のそれであるかのようだ。しかし、三島はたんに「政治概念としての天皇」の復活をいおうとしたわけではない。ましてや、戦前のような天皇絶対主義体制の恢復《かいふく》を叫んだわけでもない。
　三島の「天皇と軍隊を栄誉の絆でつないでおく」戦略は、その戦略的装いを外してしまえば、本来的には、〈天皇〉に日本文化の究極の「原理」を置こうとする吉田松陰以来の原理主義的《ファンダメンタリズム》な思想の流れのうえに位置していた（三島が自衛隊に突入し、切腹する日として選んだのが、吉田松陰の処刑された十一月二十五日であることを想起せよ）。松陰の『講孟余話』（一八五六年）には、次のようにあった。

漢土《かんど》には人民ありて、然《しか》る後に天子あり。皇国には、神聖ありて、然る後に蒼生《さうせい》（人民と同意味―引用者註）あり。国体固《もと》より異なり。君臣何ぞ同じからん。

　むろんこのばあい、「漢土」というのは、現実的には中国のことであるが、幕末の日本にとっての他国、つまり西欧をもふくんだほとんど世界全体を意味していた。とすると、この世界全体という他者＝他国の存在を媒介に、それと異なる自己＝自国を認識する心理は、民族の自己確認つまりナショナリズムを醸成した、とみることもできる。しかしこのナショナリズムの醸成が、松陰にあっては同時に、日本文化の究極の「原理」としての〈天皇〉を言挙《ことあ》げする思想の始動ともなっているのだ。ナショナリズムと原理主義の連結（リンク）は、外発的な西欧＝近代に抵抗し、またこれを超えんとする民族の必然現象にほかならない。ともかくここに、思想としての原理主義が発生している、ということができる。

　しかも、この原理主義は、当時の体制（幕藩体制）とは異なる「国体」、つまり日本文化の普遍的な「原理」を表明することによって、革命を言挙げしていたことになる。国体論＝革命論という発想である（ちなみに、北一輝はこの国体論＝革命論を、明治の天皇制国家のもとで展開するという荒業《あらわざ》を行なった）。

　かくして、松陰における国体論は、「尊王思想」という名で革命運動化し、明治維新革命における「王政復古」のスローガンを生んだ。つまり、明治維新革命は、この原理主義的な「王政復古」派と、近代的な「民族国家」形成派（横井小《よこいしょう》楠《なん》に代表される）との合体によって成立したのである。国家論でいうと、「社稷《しゃしょく》」派と「近代国家」派との合体である。とすると、イスラム原理主義者のホメイニ（イラン革命を進めたシーア派の最高指導者）が、その「イスラム国家」の建設において日本を目標としたのは、日本が西欧＝近代の「民族国家」の概念を身にまといながらも、「原理」としての天皇を頭に戴くという、きわめて非西欧的な国家形態を虚構しえたからではなかったか、という気さえする。

ともあれ、幕末から明治にかけて、〈天皇〉に日本文化の「原理」を置く原理主義は、反革命としてあったのではなく、むしろ革命としてあったのだ。北一輝《きたいっき》（『国体論及び純正社会主義』）ふうにいうと、原理主義は「復古的革命主義」であったわけである。

日本における原理主義は、その「原理」を〈天皇〉に据えるかどうかを別として、松陰以後、神風連《じんぷうれん》、岡倉天心、日本浪曼派（保田與重郎）、三島由紀夫といった流れをかたちづくった。だが、松陰から百年あまり後の三島にあっては、いささかアイロニーの感をふくみながら、「尊王思想」は「反革命宣言」といった装いのもとに表明されている（一九六八年、三島『反革命宣言』）。

松陰の時代にあって革命運動へと連動した原理主義が、三島の時代にあって反革命となるのは、なぜか。

おもうに、松陰の生きていた時代には、いまだ天皇制国家は成立しておらず、それゆえ〈天皇〉に日本文化の「原理」を据える国体論は革命論たりえた。これに対して、三島の生きなければならなかった戦後、とくに一九六〇年代は、日本がいわゆる「近代日本」の、農村から都市へ、アジアから西欧へ、の移行を遂げる歴史的枠組みからやっと脱し、その移行の過程で虚構した天皇制絶対主義国家の呪縛から自らをやっと解いた時代である。この時代にあっては、天皇に「窮極の価値自体《ヴエルト・アン・ジッヒ》」を認める三島の原理主義は、反革命あるいは反動として現れざるをえなかった。

だが、そこでもうひとつ大きな問題が残るのだ。それは、松陰の原理主義的な思想が革命運動に連動し、いわば大衆運動化したのに、百年後の三島のそれが、たったひとりの、孤立した反逆と終わらざるをえなかった所以《ゆえん》はなにか、ということである。おそらくそれは、松陰の〈天皇〉という「原理」が、当時の民族のエートス（生活的な感情）に深く支えられていたからだとおもわれる。いわば、その「原理」は、民族のエートスから革命的エネルギーを引き出しえたのだった。このことは、一八六八（慶応四）年の隠岐騒動（わたしなどは「隠岐島コミューン」とよぶ）が、幕藩体制という権力支配を否定しつつ、「天朝」にこそ大衆救済の力があると考える革命運動であったことに、象徴されていよう。

しかし、それから百年、三島が「窮極の価値自体《ヴエルト・アン・ジッヒ》」としての〈天皇〉を言挙げしたとき、その「原理」はすでに民族のエートスから革命的（あるいは反革命的）エネルギーを引き出すことはできなかった。これは、文明開化、富国強兵化、ファシズム化、民主化といったさまざまな形態をとりながらも一貫して追求された日本の近代化によって、「原理」たるべき天皇が民族のエートスのなかで、その民族の無意識を深く揺すぶる喚起力を底揚げ化されていったからである。いわば天皇は、マックス・ヴェーバーが『権力と支配』（邦訳は浜島朗で、一九五四年）で「伝統にしばられた時代では、カリスマは唯一の大きな革命的勢力である」と書いているような意味での、カリスマではなくなったのである。

このことは、吉田松陰と三島由紀夫の時代のほぼ中間に置かれた二・二六事件（一九三六年）において、天皇（カリスマ）＝革命というクーデター構想が、背理としてしか成立しなかったことからも証明されるであろう。天皇制ファシズムは、天皇が一切の権力の根源であるがゆえに、その天皇なら大衆を、抑圧、貧困、不自由、差別などから解放し、救済してくれるいっさいの力をもっているにちがいないというカリスマ幻想によって生まれたのである。しかし、まがりなりにも近代国家の形態をとった体制のもとでの天皇は、その意味でのカリスマではなかった。〈天皇〉を「原理」とする日本原理主義は、このとき、革命運動あるいは反革命運動へと連動する回路を失っていたのである。としたら、一九七〇年の三島の反逆が、たったひとりの、孤立した言挙げと終わらざるをえなかったのは、わがくにが一九六〇年代後半に「近代日本」という歴史的枠組みを脱し、西欧＝近代とほぼ横一線に並んでいた状況からすれば、ほぼ自明の理であった。

おもうに、三島由紀夫の思想は、日本にあってナショナリズムと原理主義を連結（リンク）させようとした、ほとんど最後的な試みであった。つまり、こういったナショナリズムと原理主義とが連結する現象が生ずるためには、外からの西欧＝近代という文明的な圧迫が不可欠である。それが、三島の蹶起《けっき》の行なわれた一九七〇年には、もうなかった。西欧＝近代文明は、すでに日本に十分内面化されていたのである。

イラン革命のあと、ホメイニ（イスラム原理主義派）によって追放されたバニサドル（社会主義的な政策をさえ遂行する民族主義革命派）に対して、日本の知識人

（政治家、経済人、学者）が「バニサドルがんばれ」と声援を送ったのは、大久保利通以来の近代化が、日本人の精神において十分内面化されてしまっていた事態を物語っていた。

では、原理主義は、もう十分に近代化した西欧やアメリカ、そうして日本などでは発現の機会をもたないのか、というと、必ずしもそうではない。

原理主義は、本来、西欧＝近代に抵抗しつつ、これを超える文明的な「原理」を掲げる思想的なベクトルとして成立した。だがそれは、近代化によって無限に底揚げ化されてゆかざるをえなかったのである。ところが、たとえば日本が西欧＝近代と横一線に並んでみると、当然のことながら、もはやそこには理念型《イデアル・テイプス》としての「西欧」が見当たらなかった。西欧それ自身は、パワー・ポリティクスを駆使しての生存競争に明け暮れていた。自己保存のための自国中心主義へとひた走っていたのである。

かくて、新たな理念型を見いだせない日本の近代主義が、あるがままの自己を肯定しようとする衝動のもとに、ほとんど死滅していた原理主義を拾いあげようとする事態が生まれた。これが、一九八〇年代初頭のジャパネスク現象、つまりモダナイズされた日本主義の風潮を生み出しているのではないか。

清水幾太郎のナショナリズムは、戦後三十数年、高度成長二十年をへた近代化の産物としての〝経済大国〟「日本」を自己肯定しようとしている点で、西欧のパワー・ポリティクスの論理と同じである。そこには、ナショナリズムと原理主義との連結といった古典的な形態はない。むしろそこには、近代主義《モダニズム》と原理主義《ファンダメンタリズム》との連結といった奇妙な精神現象が生まれはじめているような気がする。

それはいってみれば、近代化のはてに生みだされた〝経済大国〟日本それじたいを保守すべき「原理」として掲げているのだ。

✝

——わたしが本書の草稿を書きだしたのは、一九八一年晩夏のことだった。『石川啄木』の最終章を書き継いでいるさなか、「ふいに世界が視えだした」ようにおもえたことが、きっかけである。

はじめ、二〇〇枚ほどのものとして書き上げ、まとめて雑誌に掲載するつもりであった。しかし、そのころにはもう、こういった冒険を試みてくれる雑誌はなくなっていた。それでも、世界が視えるという想いは消滅せず、わたしは発表のあてのないままこれを書きつづけた。

それから何ヵ月かたって、『朝日ジャーナル』八二年新年号のために鶴見俊輔さんと対談した。対談が終わったあとで、対談企画者の千本健一郎さんから、「いま何に関心をもっているか」と問われた。わたしはその草稿のことを話した。すると、千本さんは「一挙掲載というわけにはいかないが、十回ぐらいの連載ならぜひ掲載させてほしい」と申し出てくれたのだった。

連載の話が実現にむかって動きだしたのは、一九八二年春のことである。しかし、誌面の都合もあり、わたしの原稿が完結していないこともあって、実際に連載が開始されたのは、一九八二年末になってからだった。『朝日ジャーナル』誌上には、「現代思想を超える試み——原理主義を軸に」と題して、一九八三年一月七日号から四月十五日号まで、都合十四回にわたって掲載された。全体で三〇〇枚をこえる分量になっていた。

最終回分の原稿を渡したのは、一九八三年三月二十四日である。わたしが五ヵ月ほど北京に滞在する仕事で、中国に渡航する三日まえのことだった。やっと結着をつけたな、という疲労感だけが残り、当初の「世界が視えだした」という喜びのような狂おしい衝動とは、はるかに遠いところに立っていた。

その連載に加筆訂正したのが、本書である。かくして、二年まえのわたしの着想と衝動が、『挾撃される現代史——原理主義という思想軸』という形になって成立したのであった。

（一九八三年、筑摩書房刊）

幻影の政府　曽根崎一八八八年

染井墓地に「天下之浪人」碑をはじめてたずねたのは、一九七八年初夏の蒸し暑い日であった。狐の嫁入りというのだろうか、晴れているのに、ときおり雨がパラついた。あれからまだ六年しかたっていないのに、ずいぶんとたくさんの時が流れたような気がする。

それは、この六年ほどの時間に、わたしの身辺におびただしい変化が押し寄せ、そうして退き去っていったからだろうか。房総半島の海山のあいだの村に引越し、そこからサハラ砂漠に出かけ、また月に一度の竹内好全集の編集会議に出席したのだった。

三年ちかく続いたその編集会議も終わったあと、わたしは半年ほど中国に滞在し、帰ってくるとすぐ父と義弟とに死なれ、橋川文三さんにも死なれたのだった

（一九八三年没）。わたしは房総の地に帰るきっかけを失い、いまも都会の片隅にあわただしく日を送っている。

かくして、この「曽根崎一八八八年」の連載も、わずか一年のあいだに、その執筆の地が房総半島、中国大陸、東京と移り変わっている。それでも連載を途中で投げ出さなかったのは、まぼろしのごとく点滅する壮士たちの顔がわたしを捉えて放さなかったからであろうか。

染井墓地にたずねていったときには確かに視えていたとおもった宮地茂平の顔は、すぐそのあとまた視えなくなった。墓地の関係で判明した孫の宮地祐太郎さんは、わたしが埼玉にたずねていった一週間まえに、交通事故で亡くなっていた。それでも、当時はまだ健在であった宮地茂平の娘・ひでさんが、ただの一葉ではあったが茂平の写真を残してくれていたから、かれのばあいはまだよかった。また、前田三遊《まえださんゆう》（太田貞次郎）のばあいは、かれの部落問題に関する文章が小冊子にまとめられていることが幸いした。

しかし、これらはほんの例外で、菅野道親などはいちど衆議院議員に選ばれていながら、その遺族さえわかっていない。『歴代国会議員史録』には、菅野の顔写真は掲載されてないのだ。いや、同書に顔写真が載っていない代議士は、菅野ばかりでなく、この「曽根崎一八八八年」に登場する小山久之助、法貴発《ほうきはつ》、初見八郎も同じである。

ましてや、代議士にさえならなかった津野毅一郎、中島直義、安田好則、横田金馬、森清五郎、平山英夫……といった壮士たちは、その生没年さえわからない。わかっているのは、幸徳秋水《こうとくしゅうすい》、川上音二郎《かわかみおとじろう》といった後に世に出たものばかりである。しかし、かれらにしても「曽根崎一八八八年」に関することは、何ら書き残していない。

わたしは歴史という闇のなかに沈黙として沈められたかれらの「曽根崎一八八八年」に関するエートスとパトスを、ともかくも言葉に変えてみたい、とおもった。

これは、『歴史の精神』にも記しておいたことだが、わたしがこの百年ほどまえの「幻影の政府」をじぶんが生きてきた「ほんの昨日」として批評することでもあったのにちがいない。本書が歴史研究とも歴史小説とも歴史批評ともわからぬ形式をとって書き進められたのは、ある意味で、そういったわたしの内的な衝迫のもたらした必然であったろう。

ところで、本書が成立するにあたっては、山田風太郎《やまだふうたろう》、前田愛《まえだあい》、平尾道雄、神島二郎《かみしまじろう》、白石正明……といった諸氏の手を借りた。大阪の地名などについては、三田誠広《みたまさひろ》さんから教わったことも多かった。

しかしなにより、東大の明治文庫に『社会燈』関係の雑誌を集めておいてくれた宮武外骨《みやたけがいこつ》の力に感謝する。それらの雑誌がなければ、わたしは「曽根崎一八八八年」という、歴史における精神の熔炉について何も知らなかったかもしれない。

カビくさい明治文庫のなかで、これらの雑誌を目にしたときの奇妙な衝撃から、もう十数年の時間が過ぎ去っているのだとおもうと、わたしにも感慨のようなものがないではない。


（一九八四年、新人物往来社刊）

26

不可能性の「日本」から可能性の「国家」へ

この文芸評論の中核部分を形づくっている「文学を開く」と題した断続的な批評文において、わたしはまず、現代文学における作品の独得な表情を楽しむことを心がけた。

ついで、作品の表情の底にある現代に普遍的な心性に分けいってゆこうとした。その方法によって、現代文学が立っている「場処」はどこか、そして「何処へ」行こうとしているのか、を明らめようとしたのである。

これはおそらく、伝統的な批評のありかたといえばいえるだろう。

しかし、わたし自身の意図とすれば、その方法によって可能となるぎりぎりのところまで歩いていったつもりである。わたしが言葉に拠って生きる生きかたは、それしかないからである。もし、その言葉が変容していっているならば、その変容の過程をみずから刻印しつつ、歩いてゆこうとしたのだった。それが、言葉に拠って現代に生きるということだから。

（一九八四年、河出書房新社刊）

27

北一輝の昭和史

気がついてみたら一人になっていたというのが、この二十年ほど北一輝の研究や天皇制ファシズムの命運に想いをめぐらせてきたわたしの現在的な境遇にほかならない。心境とすると、見渡せば花も紅葉《もみじ》もなかりけり鴫《しぎ》たつ沢の秋の夕暮れ、というところだろうか。景気の悪いこと、このうえない。

それでも、わたしは北一輝や天皇制ファシズムのテーマから離れられずにいる。そのことは、わたしがこれらのテーマを学問的必要やジャーナリズム的要請のもとに選んだのでなく、むしろそれらのテーマから選ばれてしまったことの結果なのかもしれない。

魅入られた、といったほうが正確だろうか。一九八三年に半年ほど滞在した中国の一隅で、毎日毎日、五枚一〇枚と北の『霊告日記』を原稿用紙に書き起しているときの不思議な充実感。そして、その中国の地を、上海、南京、武漢とめぐり歩いて、北一輝の跡をたどっているときの幸福感――。それらがあるかぎり、わたしはどんなに景気が悪いことになろうが、これらのテーマから離れてゆくことはないだろう。

本書は、一九七六年に『評伝・北一輝』を出してから十年ぶりの北一輝に関する著作である。一九七一年に『若き北一輝』を出してからは十五年の年月が過ぎ去っている。十五年たってもこれだけか、という気も一方でしなくはないが、それでもダテに年月は過してきていないぞといいたい気持もわたしにはある。

『霊告日記』全文も、いずれちかいうちに陽の目をみるはずである。ただ、その全文公開にはできるだけの註と解説をつけないと、「北は神がかりだった」のひと言で片づけられてしまう危険性が大きい。

「霊告」の告げ主の一人として記されている「南天棒《なんてんぼう》」が、中原鄧州《とうしゅう》という実在の禅坊主で、『南天棒行脚録《あんぎゃろく》』や『悪辣三昧《あくらつざんまい》』という著書をもっていることも、ついこのあいだまでわたしは知らなかった。南天棒は大正十年の没であるから、北一輝が接触した可能性だってなくはない。そういったささいな可能性でさえ、わたしには気にかかるのである。
北一輝の死からもう半世紀ちかくの時間がたったが、この北一輝の生はある意味で、わたしたちの「ほんの昨日」の物語である。それをどう読むかが、わたしの「今日の物語」にほかならない。

(一九八五年、第三文明社刊)

28

死語の戯れ

この二年ちかく、つまり一九八三年の八月に中国から帰ってきたあと、わたしにとって難しい時期がつづいた。つづいた、と過去形で記せるのかどうかもわからない。

その心的な不安定感は、多く個人的な事情にもとづいていたにちがいない。しかしそこに、言葉を自己表現の手段として使いつづけてきたものとして感じる、言葉の命運についての漠然とした危機感が影を落していたことも、たしかである。

この漠然とした危機感は、「言葉の『現在』」を書き、「死語の戯れ」を書いてゆく過程で、しだいに明瞭なかたちをとった。その意味で、『短歌人』の編集に関わっている歌人の小池光《こいけひかる》さんと、『海燕』の編集者である根本昌夫さんとによって、本書の初発の契機が与えられた、といえるのかもしれない。

ところで、「死語の戯れ」を発表したのは、一年ちょっとまえのことであった。そのとき、「あれをメインに据えた評論集を考えてみないか」と二、三の編集者から声をかけられた。そのうちで最も早く、かつ全体的な構想を示してくれたのが、間宮幹彦さんである。

ただ、それからが大変だった。

その大変さは、本書がすでに発表されたエッセイを集めて、それを系列づけるという類いの評論集でなかったからなのだろう。

すなわち、本書はその全体のテーマを、「言葉がその世界（実体）と乖離《かいり》してしまっている」状況がなぜ、どのようなかたちで生じたのか、そうしてその言語状況において言葉を、文学を、文化を活性化する試みが「現在」どのようになされているか、しかもそれはどのような可能性をひらいているのか、に集約するかたちで再構成されたのだった。

その再構成にわたしの大変さがあったわけだが、その作業にモノマニア、、、のマミヤともいわれる（わたしはそんな失礼なことはいわない）間宮幹彦さんが示してくれた構想力と労力とは尽大なものだったことを、ここに改めて記しておきたい。

こうした協同作業をへて、引用をはじめとして発表時とかなり様相の変わったエッセイもできたのだった。これはしかし、全体を有機的な関連に導き、また記述の重複を避けるためにやむをえずとった方法といってよいだろう。

ともあれ、この二年ちかく、心的に不安定な状態にあったわたしを陰に陽に見守り、励ましてくれた人々にいくらかでも負債をはらうつもりで、本書を世に送り出すことにしたい。

（一九八五年、筑摩書房刊）

戦後の精神　その生と死

29

高橋和巳が死んでから十五年（一九七一年没）、竹内好が死んでから八年（一九七七年没）、保田與重郎が死んでから三年（一九八一年没）、橋川文三が死んでからも早いもので一年数ヵ月（一九八三年没）が過ぎた。

これら、戦前と戦後とを連続の相（その否定さえ連続が意識されている）において捉える精神が、わたしに与えた意味は何であったのか。

このところ、そんな想いに囚《とら》われて鬱々と日を過ごすことが多かった。いや、それはわたしがさいきん、「現在」に強いられて思考を展開することが多かった状態への心的反動にすぎないのだろうか。

そんな鬱々たる日々に、本書の企画担当者である柳下和久さんが、「『滅亡過程の文学』の続篇というか後篇をつくってみないか」という話をもちかけてくれた。

柳下さんはこの十年ほど、わたしの思想的な作品を影になり陽なたになり見守りつづけてくれた編集者の一人といっていい。

考えてみると、わたしはこの十数年かれのような一握りの編集者たちに支えられて物を書く仕事にたずさわってきたのだった。

「連環」という忘れられた言葉があるが、わたしはどうもそれを人物連環的な意味に解して生きているところがあるらしい。人との関わりがなくて何が人生か、何が自然か、とまで想い昂《たか》ぶるつもりはないけれど、どうやら「戦後の精神史」も人との関わりの次元でみているのらしい。それが「戦後の精神」に対するみといい、り人の役割をわたしに強いているのだろうか。

じつをいえば、『滅亡過程の文学』を構想したとき、わたしはその連続のままに『復興過程の文学』を考えていた。それは、太宰治、梅崎春生《うめざきはるお》（戦後派文学の旗手。『桜島』『日の果て』など）を媒介にして連続の相を形成するわけだったが、太宰治については別に一書として『太宰治とその時代——含羞《がんしゅう》のひと』をまとめることができた。ただ、梅崎春生についてはまだほとんど書かないままに時を無為に過ごしたという感がつよい。

だが、四年ほどまえ、埴谷雄高《はにやゆたか》夫人のお通夜の晩に、「いずれ梅崎春生さんについては書いておきたい、『幻化』はわたしの青春に、文学とは何か、戦前から戦後へと連続する精神の相とは何かを教えてくれる小説でした」と、たまたまあったその未亡人に語っていたところ、後ろから椎名麟三《しいなりんぞう》（一九七三年没）さんの未亡人に、「うちの椎名はどうなのよ」と強い言葉をあびせかけられてしまったことである。

「戦後」とはまだまだ、わたしにとっての精神形成の土壌であって、その「生と死」はなお見きわめがたいカオスでありつづけているのかもしれない。それは、吉本隆明《よしもとたかあき》論を書こうとして果たさず、江藤淳《えとうじゅん》論を書こうとしてまた果たせない、わたしの「現在」それじたいのカオスの相なのでもあろうか。

（一九八五年、作品社刊）

30

大川周明　百年の日本とアジア

鳥海山のふもと、大川周明《おおかわしゅうめい》の生家からさほど遠くない山形県酒田市の町はずれに、かつての日満学校はひっそりと建っていた。いまは女子短大になっているらしい。わたしはその日満学校の跡地にたたずみながら、この学校の創立に関わった大川周明は「もはや過去の思想家なのであろうか」と想いをめぐらせずにはいられなかった。

四年まえ、東北を鶴岡、酒田、新庄、仙台と横切って旅をしたときには、わたしはまだ大川周明のことをこのようなかたちで書こうという気がそれほど強くなかった。それでも、酒田で大川二郎、原田幸吉、水戸部浩子、佐藤昇一などの諸氏に会い、大川の生家をたずねたりしているうちに、かれの伝記を書いたり、かれが関わった五・一五事件を中心とする政治史的研究をするだけでは、「大川はいよいよ過去の思想家になってしまうだけではないか」という疑念が萌《きざ》しはじめていたようにおもう。

その後、半年の中国滞在を終え、『正論』の相川二元氏の案内で大川瑞穂氏と懇談する機会があった。そのころから、わたしのなかの〈大川周明という問題〉は、アジアの近代、つまりアジアがアジアでなくなるというこの百年の過程において、どのような意味をもつのか、というかたちにふくらみはじめたのである。

今年は、明治十九年（一八八六）に生まれた大川周明の生誕百年にあたる、という。本論を「大川周明と百年のアジア」と題して、『正論』に連載（一九八四年六月号〜八六年三月号）しはじめたときには、大川の生誕百年などということは、わたしの意識にあまりなかった。連載も一二回程度で、昨年半ばには終わるつもりであったのだ。それが、この百年の「アジアの近代」を背景にしたことによって、分量がほぼ二倍の長さになり、終わってみたら大川の生誕百年の年に重なっていたというわけだ。

本論は連載中に、二、三の出版社から単行本化の口がかかり、酒田の原田幸吉氏、新庄の大滝十二郎氏、東京の冨士信夫氏をはじめとする数人の人びとが資料を送ってくれる、といったかたちで、作者にも意外な刺激があった。なお、熊本では、熊本大学教授の中村青史氏から五高当時の大川についてご教示をいただいた。

政治学者からは、「忠実な伝記をつくってもらいたい」という批判があり、朝日新聞社の友人からは、「朝日内部できみが右傾化したという噂が立っているよ」と教えてくれたり、右翼からは、抗議や批判があったりして、緊張しつづける連載だった。

（一九八六年、作品社刊）

31

北一輝伝説　その死の後に

この『北一輝伝説』は、小説ではない。かといって、評伝でも評論でも、また研究でもむろんない。「文藝」の一九八五年総目次をみたら「ノンフィクション」となっていたが、わたしは「再現」という漢字に「フィクション」とルビを振る変り者だから、フィクションとノンフィクションの違いを考えてこれを書いたともおもえない。

要するに、ジャンルなぞはどうでもよかったのである。書きたいとおもった素材を書きたいように書いたら、こういう作品になったということだ。

ただ、これを書いているとき、じぶんでわかっていたことが、一つだけある。それは、この一年に書いた三作、すなわち「新潮」の二作（『秋月悌次郎　老日本の面影』、『海の幻　森崎湊の自決』）とこの『北一輝伝説』とは、いずれも背水の陣をひいて書いた、ということである。

「背水の陣」の意味をいまは説明しないが、「これが最後の作品になっていい」、と思い決していたのである。

もっとも、数年まえにこの作品の構想を練ったさいには、『若き北一輝』を第一部に、この『北一輝伝説』を第四部にして、『定本・北一輝』をつくろうと計画していた。それゆえ、「文藝」に発表したあとでいくつかの出版社から、「そのままで単行本に」という話があっても、「あれは定本の最終部分にするつもりだから」といって、断わったのだった。

しかし、「文藝」における担当編集者の長田洋一さんや編集長の高木有さんが、「これだけでも十分に独立した作品となっている」と激励してくれたことや、これまでのわたしの北一輝評伝とは別の読者がずいぶん多く読んでくれたことに励まされて、あえて独り立ちさせてみることにしたのである。

（一九八六年、河出書房新社刊）

32

秩父コミューン伝説　山影に消えた困民党

秩父《ちちぶ》困民党《こんみんとう》総理の田代栄助《たしろえいすけ》、副総理の加藤織平《かとうおりへい》、甲大隊長の新井周三郎、上・下吉田村小隊長の高岸善吉《たかぎしぜんきち》、以上の四人が絞首刑に処されたのは、明治十八年（一八八五）五月十七日朝のことである。刑場は、秩父から三十キロほど東にある熊谷の監獄だった。

処刑が完了したのは、監獄則の定めるとおり、午前十時まえだった。四人の処刑がどのような順序で行なわれたのかは明らかでないが、縊《くび》られて宙にぶらさがった田代栄助の死体は、何度直しても西の方角、つまり秩父のほうを向いたという。

振り返里見連波　　振りかへりみれば

昨日乃影もなし　　昨日の影もなし
行具左起くら志　　行くさき暗し
死出の山道　　　　死出の山道

（明治二十五年建立の墓石に彫られたものによる。読みは引用者）

この田代栄助の暗鬱な辞世には、かつて「秩父大将」とよばれ、峠にかこまれた昏《くら》い谷間で山影の情念を育くんだかれの魂がついには秩父へと帰ってゆこうとする心性《エートス》がみてとれる。すなわち、田代栄助の心性の核は秩父山塊の昏い谷間であり、かれの魂は縊《くび》られた後もなおその山影へと帰ってゆこうとしたのである。

こういった田代栄助の心性は、秩父困民党の全体を影のように覆っている。その意味で、栄助の生死は蜂起を根底で支えた農民の象徴といってよいだろう。

そして、秩父困民党のもう一方の象徴は、同じ日に熊谷監獄で縊られた新井周三郎（二十二歳）である。田代より三十歳近くも年下の周三郎は辞世の歌なぞ残していない。かれは黙って死んだのである。そしてその沈黙は、あえていうなら、蜂起が破れた時点からつづいていた。

新井周三郎は、縊られる半年まえ、負傷しているために入れられた熊谷監獄の病室で、川淵竜起検事補からの「おまえはこの蜂起で、いったい何をなすつもりだったのか」という訊問に対して、「大総督にでもなるつもりだった」と、笑って答えている。これは、二十二歳の青年の稚い権力欲ではない。蜂起によって「無政の郷（コミューン）」という、此岸《しがん》にあるべからざる世界を垣間みてしまったものの、現実に対する嗤《わら》いである。

周三郎はこのとき、打ち倒さんとした官憲によって訊問されている自身の愚かしさを、彼岸《ひがん》から眺めている。それゆえに、検事補から「おまえのような身分、方法で、（西郷隆盛のような）陸軍の大総督になれると本気で考えていたのか」と追い討ちをかけられたとき、「被告黙シテ云ハズ」――その問いを無視して押し黙ったのである。

この新井周三郎の沈黙は、秩父の昏い谷間から撥《はじ》けるかのように「無政の郷（コミューン）」へと奔《はし》り、そうしてそれが破れたことを象徴していた。田代栄助の山影の情念から奔り出、そうしてそこへと再び戻っていったのが新井周三郎にほかならない。

かれらの死刑執行は、秩父困民党の蜂起（一八八四年十月三十一日）から、わずか半年後のことだった。

†

――この『秩父コミューン伝説』を書き終えたあと、わたしは新井周三郎が負傷後に隠まわれた西ノ入村の明善寺を訪ねた。山あいの道を遡り、谷のいちばん奥の山すそにある寺である。寺はもう無住になり、周三郎が傷の手当てをうけたという庫裡《くり》もとり壊されていた。

庫裡跡からは、釜伏山へと通じてゆく細いけもの道が夏草に埋もれるようにあるのがみえた。その草むらの道をみながら、わたしは十三年まえに『風土からの黙示』の「あとがき」に記した、次のような文章を想い出していた。

「コミューンの幻を追って、これからもわたしは彷徨《ほうこう》しつづけることだろう。野山に埋もれた　無名者の碑よ、いつかはおまえの語る言葉を聴き終えてみたい」

こう書いたとき、わたしはまだ二十七歳だった。

そうか、あれから十三年もたって、わたしはまだここに住んでいるのかと、ほとんど絶句したことである。

わたしはもう、じぶんのなかに深く沈んでいるテーマを解き明かすしかできないだろう。『北一輝伝説』から『秩父コミューン伝説』へと書き継いでみて、わたしはじぶんが抱え込んでしまった深淵をのぞきこむばかりである。

もはや成敗は問わない。夏の日に静まりかえった秩父の山なみをみながら、わたしはそんな気持ちになっていた。

（一九八六年、河出書房新社刊）

33

出口王仁三郎　屹立するカリスマ

小夜《さよ》ふけてねむれぬままにおもうかな国に残りし子らの生活
まめ人のうえ安かれと天地《あめつち》の神の御前《み》に祈りこそすれ

――これらの歌は、〈神〉の「言葉」というより、神と人間とを繋ぐ位置、神界と人間界とを結ぶ場所において歌われている。つまり、少年のころ好きだった「老人」のいた場所において歌われている。

「老人」のいる場所とは、自分にはもはや多くの時間が残されていないという意識が「私」に、「私」が知っているもののうちで、後の世の人に伝えたい、残したいとおもっているものを掴《つか》みださせる仮構を生む。

老人は、そこに年老いて在るから老人なのではない。もはや「私」の生涯は果てがみえた、死をまえにして、「私」が知っていて残したいものは、終いにこれだけのことで、これを後世の人に伝えたい、あるいは残したい、という意識が「老人」と成ることなのだ。

その意味での「老人」に、王仁三郎は成っていた。

――出口王仁三郎《でぐちおにさぶろう》は昭和二十三年（一九四八）一月十九日、満七十六歳六ヵ月で、その生を終えるが、その二年まえ、昭和二十年十月七日の大赦令で第二次大本事件が解消したあと、次のようにいっている。

自分は支那事変前から第二次大戦の終わるまで、囚《とら》われの身となり、綾部の本部をはじめ全国四千にのぼった教会を、全部叩き壊されてしまった。しかし信徒は教義を信じつづけて来たので、すでに大本教《おおもときょう》は、再建せずして再建されている。（中略）

これからは神道の考えかたが変わってくるだろう。国教としての神道がやかましくいわれているが、これは今までの解釈が間違っていたもので、民主主義でも神に変わりがあるわけはない。ただほんとうの存在を忘れ、自分の都合のよい神社を偶像化して、これを国民に無理に崇拝させたことが、日本を誤らせた。殊に日本の官・国幣社の祭神が神様でなく、唯の人間を祀っていることが間違いの根本だった。

しかし大和民族は、絶対に亡びるものではない。日本敗戦の苦しみはこれからで、年毎に困難が加わり、寅《とら》年の昭和二十五年までは駄目だ。

いま日本は軍備はすっかりなくなったが、これは世界平和の先駆者として、尊い使命が含まれている。本当の世界平和は、全世界の軍備が撤廃したときにはじめて実現され、いまその時代が近づきつつある。

（談話「新しい世をひらく」、『大阪朝日新聞』、昭和二十年十二月三十日号）

ここで王仁三郎は、大本が弾圧されてきた歴史をふりかえりながら、そういった弾圧が国家神道そして天皇制絶対主義の「間違い」によって引き起こされた、と考えている。これは一見、戦後の「平和と民主主義」を全面謳歌しているかのようである。軍備撤廃を日本ばかりではなく、世界にも実現していけばよいという「世界連邦」構想につらなる絶対平和の発想をみると、なおさらその感がふかい。

しかし、そうみえてしまうのは、これを時務論、つまり戦後の「平和と民主主義」のイデオロギーの状況下に還元してしまって読むからで、王仁三郎が「軍備撤廃」によって「世界の平和」が実現されつつある、といっているのは、いま「神の国」に近づきつつある、というのと同意味なのだ。かれが大正十三年のはじめに「宗教不要の理想へ」で述べていたように、その「至粋至純」の世の中にあっては「神様の教は要らぬ」のである。この背理を王仁三郎は改めて生きようとしているわけだ。

こういった背理は、王仁三郎が掲げている原理としての「日本」が、たんに「民族」という個別を救済する理念ではなくて、パトリに生成した民俗的な宗教（なおの「大本」）を媒介とした「世界」という普遍的救済の理念であったことを物語っている。

その背理は、王仁三郎が大衆の生活的なエートスを全面的に背負うことによって、はじめてその大衆を安んじて生かしめ死なしめていない現実に対する革命として作動する。こういった大衆のエートスの背負いかたは、〈共感共苦〉の精神を体現するカリスマ（超能力者）にのみ可能なことだ。その意味で、大本の日本＝原理主義革命は、出口王仁三郎というカリスマの死とともに終わった、ということもできる。

これは、現在の大本教団には王仁三郎のようなカリスマがいないという批判ではない。カリスマは今後も出現するかもしれない。ただ、王仁三郎のようなカリスマが現われてもかれが「唯一の革命的勢力」でありうるような、大衆のエートスが「伝統にしばられ」ている時代は終わったのではないか、ということである。マックス・ヴェーバーのいう「伝統にしばられた時代」というのは、前近代のことではない。前近代にあっては、伝統はそれじたい伝統として意識されないのである。なぜなら、前近代にあっては伝統は大衆の生活が営まれている社会論理それじたいであり、その社会論理が大衆の生活をしばる伝統として固定化されるのは、それが失われつつある時代、つまり近代化の過程においてだからである。

出口王仁三郎はその近代化の過程において、すなわち大衆が「伝統にしばられた」状態にあった〈近代日本〉を背景にして、カリスマとして屹立したのだ。とすれば、かれの死は、そのままで日本＝原理主義が革命として発動する〈近代日本〉という時代の終わりでもあった。

高橋和巳《たかはしかずみ》が大本教団をモデルに『邪宗門』（一九六六年刊）という小説を書いたのは、王仁三郎の死後十数年をへた、日本の近代化の最終過程としての高度成長さなかの、昭和四十年（一九六五）から四十一年（一九六六）にかけてである。

かれがその小説の結末を「ひのもと救霊会」という架空の第三代教主と教団それじたいの悲劇的な滅亡で閉じたのは、高橋和巳という作家のロマン主義的な気質、悲劇好みもさることながら、カリスマが体現する〈共感共苦〉の精神という「原理」によって革命が発動される原理主義革命の時代が日本ではすでに終わっているのではないかという、かれの漠然とした感触も働いていたようにおもわれる。実際、日本＝原理主義が革命思想として発動する可能性は、出口王仁三郎という〈近代日本〉を背景に屹立したカリスマの死とともに終わっていた。

――わたしが出口王仁三郎を、北一輝、中里介山、石川啄木の三人とともに〈近代日本〉における精神的祖型と考えるようになったのは、一九七〇年代はじめのことである。それから十数年をへて、ここにやっと王仁三郎について一書をまとめることができた。その執着というか、関心の持続力を、わたしはいまじぶんで誉めてやりたいような気がしている。

もっとも、本書は出口王仁三郎の評伝でも、むろん大本教団史でもない。これまで現われた出口王仁三郎伝が「教祖」のエピソードを中心としていたのに対して、これははじめて出口王仁三郎を近代日本精神史のうえに引き出したものといってよい。

わたしは本書で、かれが発動した日本＝原理主義革命とは何であり、それが近代化（モダニズム）を排しつつ、民族主義（ナショナリズム）とも別の回路を用意していたことを、大衆の生活的な感情（エートス）との関わりで明らかにしようとしたのである。

出口王仁三郎の日本＝原理主義革命は、大衆のエートスを引き受けることによって、北一輝の天皇制ファシズム革命ときわどく踵《きびす》を接しているが、わたしがその両者の違いにはっきりと気づいたのは、『挾撃される現代史——原理主義という思想軸』以後のことであったようにおもう。

出口王仁三郎に対する人間的興味は、高橋和巳の『邪宗門』をよみ、一九六六年つまり大学三年生のとき、隠岐島に慶応四年のコミューンのことを調べにでかける途中、亀岡に下車して以来のことである。あれから、ちょうど二十年がたっている。

二十年の時間はわたしに、人間的興味、〈近代日本〉における精神的祖型の一つ、日本＝原理主義革命、といった三つのステップをふませたのだった。

（一九八六年、リブロポート刊）

34

犯罪の同時代史

何が始まっているのか

このところわたしの仕事は、『秋月悌次郎　老日本の面影』（『新潮』一九八五年六月号）にしろ、『北一輝伝説――その死の後に』（『文芸』同九月号）にしろ、『海の幻――森崎湊の自決』（『新潮』同一二月号）にしろ、すべて死んでいったものを懐しくおもい、その意味をわたしに定立しようという形式のものだった。

こういった傾向は、おそらく今後もつづくはずで、わたしは秋月の友人で「萩の乱」に刑死した奥平謙輔《おくだいらけんすけ》、満州青年連盟の小沢開作《おざわかいさく》、神霊研究所の浅野和三郎《あさのわさぶろう》……と、いくつもの懐しい顔によって彼方から見つめられているのである。

ただ、わたしはこれらの懐しい顔を想いえがく一方で、そのことは〈現在〉にとっていかなる意味をもつのか、という自問にさらされていた。そのため、「大川周明は過去の思想家であるか」とでもいったテーマのもとに『大川周明――百年の日本とアジア』を書き継いできたし、また〈現在〉の特徴を「犯罪」というフィルターを通して観察してみよう、とも考えたのであった。

ところで、わたしが時代を、たんに政治や思想や文学といった視界から捉えるのでなく、風俗や犯罪といった大衆の生活的な感情（エートス）のなまな表出の領域において捉える必要がある、と改めて認識するようになったのは、高崎通浩《たかさきみちひろ》さんが編集協力して出来上がった『犯罪の昭和史』全三巻の刊行に関わったさいのことである。

わたしはそういった認識について、佐木隆三《さきりゅうぞう》さんとの解説対談のなかで次のように語っている。

「大衆という歴史を書かない、物を思想として表明しない人たちが、その当時何を考えていたか、何を欲求していたか、何を抑圧と考えていたか、何を不如意と考えていたかということは、いってみれば爆発的に『犯罪』という形で出る。犯罪というのはそういう意味で、とても、民衆のエートスのある局面、生活的な感情の局面を法との対抗関係――法というのは、『犯罪』という名を与える体制というのとイコールですからね――で出てくるんだなということが分かった。やはり『犯罪史』みたいなものを、『民衆思想史』の中に入れていかないと駄目なんだという想いが改めてしました」

それにわたしは、大衆が時代の表面にせり出してくる、そのせり出し方には、その時代的な枠組みの特徴があるような気がしているのだ。

その枠組みとは、一九五〇年代の「文学」、六〇年代の「政治」もしくは「反政治」、七〇年代の「風俗」あるいは風俗的なレベルでの「文化」であり、そして八〇年代には「犯罪」という枠組みにおいて、とくに大衆が時代の表面にせり出してくるさまが露骨にみえるのだ。

その時代の白い波頭のところで、現代はいかなる流れをみせているかを捉えてみたい、という気がしきりにしていた。

（一九八六年、平凡社刊）

35

秋月悌次郎　老日本の面影

この三月（一九八七年）中旬、伊那谷の南端、天竜川ぞいの信州阿南《あなん》町を訪れた。ことしは春が早いという話であったが、伊那谷はまだ冬色が濃く、ときどきみぞれまじりの雨が降っていた。春をおもわせるものといえば、天竜川が雪解け水で大きな流れをつくりはじめていたことぐらいだろうか。

阿南町を訪れる気になったのは、二年まえ、「秋月悌次郎《あきづきていじろう》　老日本の面影」（『新潮』一九八五年七月号）を発表したとき、その地にすむ佐々木忠綱さんという未知のひとから、「じぶんの家に秋月の書が一幅あるのだが……」という便りをいただいたからである。

問い合わせてみると、幕末のころ侍の株を買って高須藩に出仕していた佐々木家の三男が、明治のはじめに幽閉中の秋月悌次郎の身のまわりの世話をしたことがあり、別れにのぞんで自作の詩を書いてもらった、ということらしかった。

軒先に落ちるみぞれまじりの雨音をききながら、壁にかけられた秋月の書をながめていると、歴史の時間が止ってしまったような、なんとも好い気分になった。「いや、歴史の時間は決して止っていないな」とハッと気づいたのは、佐々木さんから戦前の満州開拓団の話をきいていたときのことである。

長野県は満州開拓の分村運動にもっとも熱心で、阿南町の隣村では分村で千数百人もの死者をだした。にもかかわらず、佐々木さんが村長をつとめていたこの村では、一人の死者もださなかった。そもそも分村ということをしなかったからである。

「弥栄村とか、千振村とかを長野県の肝いりで見たのですが、どうも二、三年でつくられた農地とはおもえず、中国人や朝鮮人の開拓した田畑を強制収用したのではないかという気がしました。妻に、分村は気がすすまないというと、それならやめなさいと忠告されまして……」

――そんなわけで、この村は満州開拓による死者を一人もださなかった、というのである。

その話をききながら、わたしは、「ああ、これは秋月悌次郎の書と、いや『老日本の面影』とどこかでつながっているな」とひそかに感じたことだった。
雨音は夕方になるとやみ、伊那谷一帯は杉木立からわきあがる霧で白くおおわれた。その日、天竜川近くの宿に、静かな夜が訪れてきた。

（一九八七年、作品社刊）

三島由紀夫　亡命伝説

一九七〇年（昭和四十五）十一月二十五日午前十一時、三島由紀夫は〈楯の会〉の会員四名をひきいて、市ヶ谷の陸上自衛隊東部方面総監部を襲った。かれは益田兼利陸将を縛って人質にしたあと、檄文《げきぶん》を配布し、総監室のバルコニーから自衛隊員にむかって「諸君よ起て」と演説し、室のなかに戻って割腹自決を行なった。三島の介錯をした森田必勝《もりたひっしょう》も、その後割腹し、別の会員が介錯した。

あれから十七年という月日が流れ去った。十七年という時間は短そうにみえて、人の記憶をぼやけさせるぐらいには長い。たとえば、中西進は『辞世のことば』（中公新書、一九八六年）のなかで三島の自決をとりあげて、次のように書いた。

……半ば彼は本気で演説をしたのである。日本を真の姿に戻せ、「生命尊重のみで、魂は死んでよいのか」と。
しかしこのロマンチシズムは政治的行動にはなりえない。一人で出演し、一人で舞台をおりる個人三島の美学であるにすぎない。だからバルコニーからマイクを片手に演説する三島の姿には、甲冑がよく似合う。（傍点引用者）

しかし、バルコニーにはマイクはなく、三島がその演説で「マイクを片手に」したことはないのである。同じころの、東大全共闘の学生を相手にしたティーチ・インなどではマイクをまえにしゃべっているから、中西は十七年間という時間のあいだに、頭の中でそれらの合成写真をつくってしまったのかもしれない。それとも、演説といえば選挙演説のマイクが連想されるような天下太平の時代に馴れてしまったことが、中西をして「マイクを片手に演説」という筆のすべりを生んだのかもしれない。「三島の姿には、甲冑がよく似合う」という文章も、そういえば太宰治の「富士には、月見草がよく似合う」の安易な踏襲のような気がしないでもない。

一九七〇年十一月二十五日ごろというのは、そういう安易な踏襲を許すような天下太平の時代ではなかった。すくなくとも、三島や全共闘の学生にとって、それは必死の時代であった。投石とガス弾がとびかい、警官派出所で突然ツリー爆弾が破裂した。ゲバルト（暴力）も言葉ももたぬわたしなぞは、保田與重郎を読んで「敗北を既定」とした闘いの道すじを想っていた。そういった緊張感が破れて天下太平の日常に目ざめるのは、三島由紀夫の自衛隊突入事件と、連合赤軍の大量虐殺事件とにふれてからである。

あの十一月二十五日、わたしは晩秋にしては意外に強い陽ざしをあびながら、縦にばかり長い四畳の下宿の一室で、『若き北一輝』の最終章を書き継いでいたのだった。目のつかれを休めようと、ラジオのスイッチを入れ、黒く光る低い屋根〱のうえに広がる不思議に青い空をながめていると、〈事件〉の臨時ニュースがきこえてきたのだった。

わたしは原稿用紙にむかうのをやめ、当時席をおいていた法政大学に急いだ。それは、自衛隊市ヶ谷駐屯地と橋をへだてた同じ市ヶ谷にあった。大学のキャンパスでは正面玄関まえの広場で全共闘の学生が大学の管理教育反対のデモを行なっていた。

その最後尾にくっついて顔見知りの学生に、「三島由紀夫がすぐ近くの自衛隊市ヶ谷駐屯地に突入したの知ってるか？」とせっぱつまった口調で問うと、「知らない、どうしたって」と聞き返された。

そんな話をしていると、小原元という近代日本のプロレタリア文学を専門にしている教授がデモの隊列にわたしがいるのを見つけて、「こんなところでデモなんかやっていないで、市ヶ谷駐屯地を包囲したほうがいいんじゃないの」と皮肉な言葉を投げてよこしたのだった。

その皮肉な言葉をきいて、ふっと「ほんとうになぜこんなところに急いで出かけてきたのだろうか」とわたしは不思議な思いにとらわれた。そうだ、わたしは自衛隊の市ヶ谷駐屯地に行くつもりだったのかもしれない。それが、市ヶ谷駅を出たところで、年格好がちょうどわたしと同じくらいの青年に呼びとめられた。市ヶ谷駐屯地への道順をきかれたので教えているうちに、反撥的に橋を渡らずに大学へと急いだのだった。電車にのっているあいだじゅう、からだの底がぞくぞくとしていただけで、何をしようと考えて下宿を出たわけではなかったのである。

わたしは三島に会ったことはなかった。ただ、その年の春に発表した「北一輝初期論文」のことを三島が気にしていると教えてくれた編集者がおり、「会いにいってみますか」と誘ってくれただけの関わりにすぎない。

ともかく、わたしはその編集者の誘いにもかかわらず、三島に会いにいくことをしなかったのである。

それにしても、わたしはその日、市ヶ谷にでかけて、いったいどうするつもりだったのだろう。十七年たったいまだから記憶が定かでないのではなく、おそらく茫然自失と同じ状態だったような気がする。取るものも取りあえず、というか、ただやみくもに駈けていったのではないだろうか。

いずれにせよ、三島事件の衝撃はわたしに「心と身のおきどころがなくなった」状態をもたらした。やみくもに市ヶ谷へと駈け出した体《てい》のわたしであるが、それは精神の基底にある「戦後日本」に揺り動かしをかけられて、茫然自失にちかい状態に陥ったというところであったろう。

わたしには、多くの知識人がその日のうちに三島の暴力行為を咎《とが》め、これは民主主義および市民社会に対する暴挙だ、というコメントをだせる「良識」と「冷静さ」とが信じられなかった。かといって、三島のようにやれば自衛隊が蹶起《けっき》するだろう、などとも毛頭考えなかった。それに、三島自身が檄文と演説で自衛隊が蹶起すると考えていたろうか、と想像してみると、どうもそんな可能性はないような気がした。

三島は〈死に場処〉を探して自衛隊に駆け込んだのではないか、というのが、数日か数ヵ月かたって、わたしが出した結論だった。その結論さえも、新聞に発表された檄文や演説の過激な「戦後日本」批判をまえにすると、何だか頼りなくなってしまうというのが実際のところだった。十七年たっても、その茫然たる心理のほうが強く蘇《よみがえ》ってくるのである。

三島由紀夫は観念のなかで「人間天皇」を抹殺し、かれだけの「美しい天皇」をともなって、あの世へと「亡命（かけおち）」していった。そのとき、かれのうなじのうえには、「柔かな苔に積った淡雪のよう」な老いが影をおとしていた。三島はその後ろ姿を永遠に残して、この世から去っていったのだった。

✝

――茫漠たるサハラ沙漠を目のあたりにして、あきれはてる想いでたたずんでいた。十年ほどまえのことである。

と、ひとりの女性が村の集落のほうから沙漠のなかに歩いてゆくのがみえた。両側に十歳前後の子どもを二人ひきつれている。行く先には、集落はもちろん、森とかオアシスとかいったものものもない。道らしきものさえ見あたらない。

みえるのは、砂、また砂……。その砂のなかを静かに、しかし何となく楽しげなそぶりをただよわせて、母親（たぶん）は歩いてゆくのだ。何のためのものか、長目の棒のようなものを背中にしている。

「あれは何をしにゆくのですか」と近くのひとにたずねると、「枯木を拾いにゆくのだそうです。二時間ぐらいで戻ってくるらしい」という答えが返ってきた。

そこで、集落のはずれで、沙漠のかなたを眺めながら、ずうっと待っていた。二時間ほどもすると、砂のなかに再び点つぶのようなものが見え、それが次第に大きくなってくる。まるで「アラビアのロレンス」の映画の冒頭シーンだな、と苦笑しながらみつめていると、目のまえに現われた子づれの母親は、頭上と背中に何十本という枯木を重ねている。両側の子どもも、それぞれに枯枝を背中にしている。

かつて森だった場所が沙漠のなかにあり、そこが何十年か（何百年か）まえに沙漠化したため、樹木が乾燥して埋もれており、それを拾ってくるものらしかった。母親が最初に背負っていた一本の木は、それで砂をかきまわし枯木をさぐりあてるためだった。沙漠のなかの「柴刈り」、というわけである。

わたしはさいきん、この沙漠のなかに歩いていった母親の姿をよく想い出す。それは、わたしの仕事もかくありたいという、願望の写し絵だからであろうか。

（一九八七年、河出書房新社刊）

現代日本の精神史

ここに収めた一連の文章は、わたしが半年に及ぶ中国滞在から帰ってまもなく、「思想の季節」（『第三文明』、一九八四年二月号～一九八五年五月号）という総タイトルのもとに書かれたものである。

それを改めて、「現代日本の精神史」と名づけようと考えたのは、一九八五年末から一九八六年初めにかけて、全文に校訂をほどこしている最中のことだった。それまでは、「現代日本の思想劇」にしようと思っていたのである。

ところが突然のように、いや、わたしが北一輝、石川啄木、中里介山、出口王仁三郎という四つの典型で追及しようと書き継いできたことは「近代日本精神史」の文脈においてであり、それ以後、『歴史の精神』、『戦後の精神』と精神史に拘泥してきた延長上にはどうしても「現代日本精神史」が書かれる必要がある、と思い至ってみたら、その「思想の季節」という連載はまさしく「現代日本の精神史」と名づけられるしかないものだったのだ。

もちろん、この「現代日本の精神史」は試論にほかならない。しかし、現在、わたしのほかに誰が現代日本精神史を書けるのだろう。これは、自惚《うぬぼ》れではなく、そんなムチャな試みをするのはわたしだけになってしまった、という哀しい自己規定にほかならない。

かつてわたしは、何でも可能だとおもっていた。政治史も、文学も……。しかし、中国から帰って以来、何かが欠け落ちた。文章上の問題としていうと、「ずいぶん風通しがよくなったのではないですか」とも、「ずいぶん読みやすくなりましたね」とも評された。なぜだかは、わたしにもわからない。

ただ、一九八五年末に立教大学で行なわれた「戦後日本の精神史」と題した日米国際シンポジウムに出席してみて、〈戦後〉というパラダイムでくくれる時代はずいぶんまえに終わっているのになあ、と改めて思ったことだった。

わたしは「一九六四年社会転換説」の六四年にこだわるつもりは毛頭ないけれど、それ以後の現代がどういう時代であるかについては、とことん拘泥してみたかった。それも、政治、文学、宗教、いっさいをふくみ、世界的共時性を横軸として考慮にいれた現代の「精神史」としてである。

いま、一年ちかくまえのじぶんの文章を読み返しながら、この「現代」においてわたしが近い将来の死者の眼で過去と未来とを見ている、と激しく震撼したことだった。「現代日本の精神史」としての本書は、わたしがあえてわが身を現在に封殺するように書いた、と思われたからであろうか。(一九八六年一月)

――以上の「あとがき」を書いてから、二年三ヵ月の時間が過ぎ去った。そのあいだ、わたしは『秋月悌次郎　老日本の面影』にはじまり、『昭和に死す――森崎湊と小沢開作』に至る仕事に熱中していて、外のことを顧みる精神的余裕があまりなかった。出版社のほうでも何か事情があったらしく、仕事が遅延して、ついに今日の刊行にあいなった。

ただ、二年あまり後に本書を改めて通読してみても、記述を変えなければならないような誤ちや浅さはどこにもみられなかった。これは、わたしが当時周知の社会現象を追いながら、その現象の底にある現代の本質に目をこらそうとした結果かと思われる。
流行はつぎつぎに新しい現象を生んでいるようであるが、現代の時代的本質は意外に不易《ふえき》であるという証明でもあろう。

（一九八八年、第三文明社刊）

38

昭和に死す

森崎湊と小沢開作

ひとはその死にさいして、みずからの原郷（パトリ）というものを想い浮かべるのではないだろうか。原郷とは、そのひとを生み、そうしてそのひとがついに帰るべき場所だからである。とすれば、それは日本武尊《やまとたけるのみこと》がその死にのぞんで「倭《やまと》は、国のまほろば」と謳《うた》った、その「まほろば」というのに近いのかもしれない。

だが、わが昭和の死者たち、換言すると「昭和」という時代を生きるわたしたちにそういう「まほろば」はあるのだろうか。この数年、いや正確にいおう、『秋月悌次郎　老日本の面影』を書いたあたりから、わたしはそういった疑問にとらわれてきた。これは、わたしがみずからの死を意識しはじめたということなのかもしれない。

原郷は、かつてひとが生き、そして死んでゆく故郷（ふるさと）とほとんど同意語だった。原郷（パトリ）が神、先祖、伝統、血縁、両親、兄弟、家族、郷土、自然などの一体化した宇宙の概念として成立した言葉であることを考えれば、これは当然のことだろう。

たとえば、田山花袋《たやまかたい》が『一兵卒』（明治四十一年＝一九〇八）という小説に書いたように、日露戦争に従軍した一兵士がその死にさいして想い浮かべる原郷は、母の顔、若き妻の顔、欅《けやき》で囲まれた家、家の裏につづく磯、幼いころ遊んだ海、なじみの漁師の顔……といった、故郷を想わせるものの総体だった。

満州に出征した兵士は「流行腸胃熱《ちょういねつ》」によって野戦病院に入れられるが、それが直りきるか直りきらないかのうちに病院を脱け出す。そうして、前線の原隊にもどろうとするのだ。しかし、その原隊復帰の途中に持病の「脚気《かっけ》」が悪化し、それが「脚気衝心《かっけしょうしん》」へとすすみ、かれは満州の野に倒れてしまう。

花袋は、その兵士の最期の場面を、次のように描く。

苦痛が又押寄せて来た。唸声《うなりごえ》、叫声が堪へ難い悲鳴に続く。

「気の毒だナ」

「本当に可哀相です。何処《どこ》の者でせう」
兵士がかれの隠袋《ポケット》を探つた。軍隊手帳を引出すのが解《わか》る。かれの眼には其兵士の黒く逞《たくま》しい顔と軍隊手帳を読む為に卓上の蠟燭《ろうそく》に近く歩寄《あゆみよ》つたさまが映つた。三河国渥美郡福江村加藤平作《みかわのくにあつみごおりふくえむらかとうへいさく》……と読む声が続いて聞えた。故郷《ふるさと》のさまが今一度其眼前に浮ぶ。母の顔、妻の顔、欅《けやき》で囲んだ大きな家屋《いえ》、裏から続いた滑《なめら》かな磯、碧《あお》い海、馴染《なじみ》の漁夫の顔……。

こういった場面設定は、その兵士が死にのぞんで、母の顔……といったかたちをとる故郷（ふるさと）へと帰ってゆこうとしたことを意味している。ここでは、故郷は明らかに原郷（パトリ）と同位に置かれている。

しかし、ひとがついに帰ってゆくべき原郷は、そのひとを生み育てた自然的な故郷とイコールではない。原郷には、そのひとが生育したのちにじぶんが本来いるべきだと考える場所であって、せめて死にのぞんでは帰ってゆきたいと考える、つまり主体的な価値判断が入っている場所であるようにおもわれる。じぶんの精神（エートス）の「根」の場所、という発想である。日本武尊のばあいでも、

「倭《やまと》」は自然的な生まれ故郷というより、そこがじぶんの本来いるべき場所だったという価値判断が入った原郷であった。

それはともかく、花袋が描いた兵士のばあい、その故郷と原郷とはまだ不気味なひびわれをおこしていない。それは、故郷のムラ共同体に否応なく入りこんだ国家の戦争に花袋の描く兵士がさほど異和感をおぼえていない結果といってよいだろう。もちろん、兵士と最愛の妻とのあいだを引き裂いた戦争に対しては恨みのような感情が生まれないでもないが、かといって、戦争それじたいを理不尽と捉えるような意識（たとえば若き中里介山が明治三十七年に発表した『乱調激韵《らんちょうげきいん》』の詩にある、「人、人を殺すべきの義務ありや」といった国家批判）は、そこにはまだ見いだせないのだ。

満州の野をふらふらと彷徨する三河国出身の兵士の精神（エートス）は、ひとすじに故郷へと戻ってゆく。さきほどの兵士の最期の場面より以前に、すでにかれの精神は故郷のほうへと漂い出ている。

ふと汽車――豊橋を発《た》つて来た時の汽車が眼の前を通り過ぎる。停車場《ていしゃじょう》は国旗で埋められて居る。萬歳《ばんざい》の声が長く長く続く。と忽然《こつぜん》最愛の妻の顔が眼に浮ぶ。それは門出の時の泣顔ではなく、何《ど》うした場合であつたか忘れたが心から可愛《かあ》いと思つた時の美しい笑ひ顔だ。母親がお前もうお起きよ、学校が遅くなるよと揺起《ゆりおこ》す。かれの頭はいつか子供の時代に飛返つて居る。裏の入江の船の船頭が禿頭《はげあたま》を夕日にてか〳〵と光らせながら子供の一群《むれ》に向つて怒《ど》鳴《な》つて居る。其子供の群の中にかれも居た。

ここでは、さきに引用した母の顔、若い妻の顔……といった故郷の形象がより具体的な描写をともなっている。母のばあいには、「お前もうお起きよ、学校が遅くなるよと揺起す」さまとして。また妻のばあいには、「心から可愛いと思つた時の美しい笑ひ顔」として。いずれにせよ、兵士に何の不安も感じさせない、安らぎや、親和の対象として故郷が思い出されるわけだ。もちろん、その懐しい故郷の思い出には兵士を戦場へと送り出す「国旗」や「萬歳」の声もまじってきているわけだが、その国家の戦争が故郷のムラ共同体とさほどの異和感をかもしていないために、かれのついに帰るべき原郷もいぜんとして故郷それじたいのかたちをとりつづけていたのである。

ところが、こういった『一兵卒』とほぼ同じ場面を現出しながらも、昭和の死者たちはひとすじに故郷へと回帰してゆく精神（エートス）から遠いところに立ちはじめていた。昭和十九年当時、まだ少壮の政治学者であった丸山眞男《まるやままさお》は、のち『日本政治思想史研究』（一九五二年刊）の第三章を形成することになる論文を書き終えて応召《おうしょう》するわけだが、その出征の場面を回想して、同書の「あとがき」に次のように記している。

「机に向つて最後の仕上げを急いでゐる窓の向うには国旗をもつて続々集つて来る隣組や町会の人々に亡母と妻が赤飯の握りを作つてもてなしてゐる光景は今でも髣髴として浮んでくる」

丸山眞男にとって、「隣組や町会の人々に亡母と妻が赤飯の握りを作つてもてなしてゐる光景」は、いわば懐しい故郷のイメージにほかならない。ただ、丸山がその光景を、ついに自身の帰ってゆくべき原郷（パトリ）として捉えていたかというと、どうもそうではないようにおもわれる。

証拠をといわれると、どうも困るが、ほかでもない『日本の思想』などその後の丸山眞男の政治思想の構築において、故郷の政治的概念である共同体に対する否定的感情のありようからみて、そうおもわれるのだ。おそらくその否定的感情の源泉こそ、懐しい故郷の光景にまぎれこんでくる「国旗」というものであったろう。

丸山にあっては、故郷＝共同体に対する異和感は「国旗」という表象をもって捉えられてゆくわけだが、いずれにしても花袋の『一兵卒』のばあいとちがって、故郷と原郷とは不気味なひびわれをおこしている。それは、「国旗」あるいは当時の天皇制ファシズムの時代思潮に対する個々の対応のしかたを別にすれば、昭和の青年たちを総体として内から襲う宿痾《しゅくあ》（宿病）のようなものであった。

本書に収めた『海の幻』の主人公である森崎湊《もりさきみなと》なども、十九歳のとき、故郷がすでにみずからのついに帰るべき原郷でないことを悟っていたようにおもわれる。

昭和十八年九月十四日の日記には、次のように書かれていた。

「夜、浜崎とじゃがいもを焚いて話し合う。幼い頃の思い出などに話の花を咲かす。ああ、あの頃はよかった。観音島、澱粉《でんぷん》会社、焼酎会社の原っぱ、幼な友だちの誰彼の顔の何と侘《わび》しくもなつかしいことよ。

家にあって今日の稼ぎに辛苦する両親のことも知らず、昭和初期、国体不明徴に依った《（て）》起った神国日本の悲哀——社会問題、対外的無気力、国運の鬱屈、世情の頽廃、党派・財閥の争い、先覚者たちの苦悶、等々、曰《いわ》く何、曰《いわ》く何、其他幾多の艱難——をもつゆ知らず、毎朝毎晩精一杯遊び疲れて過していたあの頃。

あの頃のわがちちがことはは上がことを今から思えば、湊町の侘《わび》しい夕暮のなかに今尚《なお》居るような落莫《らくばく》たる気持のなかに沈んでゆくばかりである」


森崎が「国体不明徴に依って起った神国日本の悲哀」と記しているところには、昭和の青年たちを外から覆った時代的なイデオロギーがどのようなものであったかが如実にあらわれていよう。そういった昭和という時代の〈存在被拘束性〉をとりはずしてみると、観音島、澱粉会社、焼酎会社の原っぱ、幼な友だちの誰彼の顔……といったものの総体としての森崎湊の原郷が浮かびあがってくるはずである。

また、本書に収めたもう一つの作品『埋み火』の主人公である小沢開作（指揮者・小沢征爾の父）のばあいは、その原郷は「満州」という言葉のうちにあったとおもわれる。むろん、その「満州」という言葉には、ロマン主義者であった小沢開作を捉えた「民族協和」や「王道楽土」という、昭和の〈存在被拘束性〉の残影がある。だが、そうであるにしても、小沢開作はその死にさいしてみずからの原郷（パトリ）としての「満州」を想い浮かべたのではないか、という気がするのだ。

故郷は失なわれて、すでに亡い。伊東静雄が、

「馬車は遠く光のなかを駆け去り／私はひとり岸辺に残る／わたしは既におそく……」（『有明海の思ひ出』）

と謳ったように、失なわれた故郷を生きることは近代の、昭和という時代を生きるわたしたちの宿命である。宿命に、悲しいも苦しいもない。

その宿命を認めつつ、しかもなお失なわれた故郷の面影のうえにみずからのつ

いに帰るべき原郷を想い描こうとするひとの哀しさよ。わたしはその哀しさをおもいつつ、森崎湊や小沢開作の精神の跡をたどり、その貌をえがこうとしたのである。それは、わたし自身がすでに死者と生者の架け橋であろうと意識したうえでの行為であったろうか。

（一九八八年、新潮社刊）

戦後政治家の文章

橋川文三さんが亡くなったころ（一九八三年没）、わたしは父も失なっていた。半年間の中国滞在を終えたばかりだった。「大同の壊された城壁」を書いたすぐあとのことである。「大同の壊された城壁」は本書ではもっとも早い時期の文章であり、本書はそれ以後四年間の政治論集、いや政治も一種の作品と捉えて思索するエッセイ集ということになる。

政治を一種の作品と捉えて思索する方法は、「戦後政治家の文章」が『群像』、「歴史家ニクソンの哄笑」が『新潮』、「『天皇』という言葉」が『文藝』と、それぞれいわゆる文芸誌に掲載されている戦略にも影を落としているにちがいない。

わたしはその方法によって、選挙結果の予想と解説に堕してしまった政治学と、小説しか批評の対象としなくなった文学評論とを、二つながら撃とうとしたのだった。その方法は、徹頭徹尾「言葉」に固執することによって、政治と文学の二律背反、二項対立を溶解させるもの、といえるのかもしれない。いいかえると、わたしは政治に対して、政治的行為において関わろうとしていないのである。

そういえば、父が亡くなる直前に、意外な想い出話をしてくれたことがあった。それは、父が戦前に軍需大臣として活躍した（戦後すぐは商工大臣となった）中島《なかじま》知久平《ちくへい》（群馬生まれ。中島飛行機会社を創立）の選挙運動に加わって、立憲政友会の支部に立てこもり、反対派と石を投げあい、ときにサーベル（？）で斬り込まれたこともある、という武勇談である。

「立憲政友会の支部って、どこにあったの」と問うと、

「そりゃ、おまえ、このあいだまで公民館とよんでいた建物さ」——。

公民館は、裏庭に大きな池をかかえており、わたしは少年のころよく、そこで鯉の盗み釣りをしたものだった。飼われている鯉だから、竹箒《たけぼうき》の竹と木綿《もめん》糸を組み合わせたものに、メシ粒の餌だけで、簡単に釣れてしまうのである。あの公民館が戦前は立憲政友会の支部だったなんて、父に教わるまで知らなかった。

いや、それより、父がそんな馬鹿げた、しかし愛すべき武勇談をもっていたこ

とも知らなかった。もちろん、わたしに似て小心な父のことだから、サーベル（?）で斬り込まれたときはあわてふためいて逃げたにちがいないが……。

そんな失敗もあってか、父は戦後、政治といったものにほとんど関心を示さなかった。わたしはその影響を受けている、といいたいわけではない。わたしはむしろ政治少年であった。ただ、ルムンバ暗殺（一九六一年）を機に、政治は汚いとおもうようになり、政治に背をむけたのである。そして、その姿勢はたぶん生涯変わらないだろう。

そのわたしが再び政治のことを語るとしたら、それは政治的行為において関わるのでなく、徹頭徹尾「言葉」に固執するしかないのではないか、とおもわれる。

政治を一種の作品と捉える方法は、かつて橋川文三さんが「象徴としての政治」というエッセイにおいて、「政治は芸術である！」という命題は成立しないかと述べたことを、おそらく前提としている。その暗黙の前提のうえに、「言葉」によって政治に固執してみたのが、本書の基本的性格ということになろうか。

（一九八八年、第三文明社刊）

眼の思考

沖縄からさらに南の台湾に船で行きたい、とおもった。二年ほどまえ、台湾の基隆《キールン》港に横づけされている大型フェリーの船腹に「伊予松山」と記されてあるのをみて、それなら沖縄からの船便も通っているにちがいない、と考えたことがきっかけである。海の国境を越える気分を実際に味わってみたかった。

しかし、調べてみると、沖縄から台湾への船便は週に一便、週半ばの水曜だけに限られていた。それには、今夏のわたしの時間が合わせられそうもない。やむなく飛行機で那覇空港を飛び立つことにした。

那覇空港は、自衛隊と共用の国内線、琉球諸島へむかう南西航空、そして台湾方面をふくむ国際線と、それぞれ飛行場を異にしている。その国際線待合室からガラス一枚をへだてた飛行場をながめていたら、碧《あお》い海と空とを黄昏《たそがれ》色に染めて、太陽がゆっくりと沈んでゆくのがみえた。
その輝やきのなかを、海外に往《ゆ》くのか復《かえ》るのかわからないが、人びとの一群が飛行機にむかってぞろぞろ歩いてゆく。「あー、これが空の港の本来の光景だったな」と憶い出して、なつかしかった。コンクリートとシャッターとで遮蔽されてしまった成田空港に馴れてしまうと、海外に行くということや国境を越えるということの意味からも遠ざけられてしまうのかもしれないな、とおもったことだった。

三日後、台湾東部の花蓮《かれん》という町にいた。花蓮は昭和五年（一九三〇）、抗日反乱の「霧社《むしゃ》事件」がおきたとき、これを鎮圧するため日本軍が兵を送りこんだ拠点である。

むろん花蓮についたときには、そんなことを意識していたわけではないので、夜、場末の歓楽街に映画をみにいった。作品は『撞邪先生』。とりたてて何ということもない、オカルト仕立ての二流の恋愛コメディだった。翌日、台北でみた『北京故事』（原題は『グレート・ウォール』、つまり『長城』だったとおもう）は、中国語が話せないアメリカ生まれの中国人が北京へ里帰りするというストーリーの、なかなか上出来の作品だったが……。

ところが、その恋愛コメディの映画がはじまるまえに、銀幕に「国歌斉唱、全員起立を願います」という意味の文字が写し出された。場内には三、四十人ほどの観客がいて、その多くは若いアベックだった。わたしも立ち上がって、かれらがどうするのかとみていると、誰一人として国歌をうたいださなかったので、なるほどその間ただ静かにしていればいいのだな、と納得した。

しかし、映画が終わって宿に帰ってから、こんなことなら、北アフリカの砂漠のなかでも（そこでは九年まえ『ジョーズ』を上映していた）、北京や上海の町なかでも映画をみて、国歌斉唱、全員起立などがあるのかどうか確めておけばよかったな、と残念におもったことだった。たしかに、北京では何度か映画や劇をみたが、それは主として外国人向けの劇場だったので、国歌斉唱も何もなかった。

日本では、大相撲の千秋楽に「君が代」斉唱という一幕があり、またＮＨＫの夜十二時の放映終了時に「日の丸」がはためき「君が代」が流れる。

そういえば、わたしが大学生時代の一九六〇年代、小田急線の最終電車にのるとその終電の出発とともに「君が代」が流れたが、あれはいまどうなっているだろうか。そんなことを取りとめもなく考えていたら、いまは亡き村上一郎さんが「イギリスではストリップ・ショウのまえに、ゴッド・セイヴ・ザ・グレイシャス・クィーンを合唱するんですよ」と教えてくれたことまで憶い出したものだった。

眠れぬままに、町で買った市街図をながめていたら、「花蓮監獄」という文字が目にとまった。わたしの『出口王仁三郎』をつくってくれた友人の早山隆邦さんと一緒の、気ままな旅だったので、翌日はぜひそこにいってみよう、と決めた。地図によれば、その裏には帝君廟（関羽《かんう》が祀られている）もある。罰と救済が裏表にあるなんて、いかにも見逃せない場所ではないか。

花蓮監獄はしかし、その外塀と見張り台しか残っていなかった。わたしが町なかで買った市街図は、民国七十三年（一九八四）の発行だが、かなりまえに作成されたものらしく、監獄は取り壊されて、その跡地の半分には新しいビルが建設中だった。残りの部分には、腰あたりまで雑草が繁っていて、その外塀と見張り台を除けば、もはや監獄らしき面影さえ残っていなかった。ただ、その監獄跡の南側に、いかにも旧植民地時代の日本式の木造官舎とおぼしき建物が二棟、残っていたのが印象的だった。

その木造官舎風の建物の脇にたって、かつて監獄のあった方角をのぞむと、高いコンクリート塀の彼方に、霧社の集落を山中にかくす台湾山脈の山なみが大きくつらなっているのがみえた。

その山なみを目にしながら、わたしはいつかあの山なみの最高峰、「ニイタカヤマノボレ」の新高山（つまり三九九七メートルの玉山）に登ってみたいな、と考え、それとともに「霧社事件」のことをもっと調べなくてはいけないな、ともおもっていた。わたしの眼は、どうもそのようなかたちで思考への回路を用意するものらしい。


本書は、わたしがこの十年ほどのあいだに、眼で見、そしてその眼の思考から誘われたエッセイと、そういった思考に従って改めて調べ、考え、書いた、わたしなりのノンフィクションと、現在においてノンフィクションとはどのようにあるべきかと考察した理論とを合わせて、一書にしたものである。

これによって、わたしがいかに旅が好きであるか、そうしてその旅で何を見、見たことからどのように思考を展開し、のみならず見ることと書くことの関係をどのように考えようとしているかを、全体として受けとってもらえれば幸いである。

わたしはテレビにも出ないし、東京圏の講演にもほとんど出ない。それらは、わたしの眼の思考にあるショックを与え、それによってわたしを新しくする機会とならない、と考えるからだ。

つまり、わたしにとって新しいとは、時代の最先端を走ることではなく、わたし自身の無意識や記憶を掘り起こし、わたし自身をその内部から変えるものだ、と捉えるのである。本書はその意味で、読者にも新しいショックを与える機会でありたい、とおもっている。

眼の思考から〈私〉へ、これはわたしが読者諸氏に送るメッセージである。かんたんにいえば、見よ、そして考えよ――。これである。

（一九八八年、學藝書林刊）

41

エンジェル・ヘアー

思い出した——。わたしが初めて『エンジェル・ヘアー』という小説を書いたとき、井上光晴さんはガン病棟から一時帰宅している最中なのに、書評を書いてくれたのだった。あとできけば、井上さんは「この書評はじぶんがやりたい」と申し出てくれたのだそうだ。

わたしがその小説に書いたのは、「オキュパイド・ジャパン」つまり占領下の日本における少年の精神風景だった。

わたしが育ったのは、北関東の赤城山麓の地方都市だが、そこは戦時中、ゼロ戦や隼をはじめとする戦闘機をつくる中島飛行機（現、富士重工）の本社と大きな工場があった。そのため、戦後ながいこと進駐軍、そうしてアメリカ軍の基地がおかれたのだった。

井上さんは、その「オキュパイド・ジャパン」の原風景をあぶりだす意図によってだろう、書評を「佐世保軍港」のことから書き出していた。(『産経新聞』一九八九年六月六日付)

敗戦直後の一九四五年九月、水陸両用戦車を先頭に「佐世保軍港」に上陸した「進駐軍」を目撃しながら、十九歳の私は「皇軍」と違いすぎる軍隊にひたすら目を見張るばかりであった。歩く兵士などひとりもいなかったし、誰が将校なのか判別できなかった。指揮官と部下がおなじ草色の戦闘服を着ていたのだ。

井上さんは敗戦直後、「佐世保軍港」に上陸した進駐軍をみた。十九歳の青年だった。わたしはその数年後、赤城山麓の進駐軍基地がおかれた町で、「エンジェル・ヘアー」を目にしたのだった。小学生として。

わたしの『エンジェル・ヘアー』という短篇小説集は、その小学生の精神風景を追うかたちですすんでいくわけだが、井上さんはその過程を次のように着実にフォローしてくれていた。

エンジェル・ヘアー（天使の髪の毛）とは何か。その問いこそ本短篇集に共通する主題だといってもよいのだが、少年松本健一の掌にそれはまず「銀の風花《かざはな》」として舞いおりてくる。しかし、赤城山の風花とは異なり、捉えようとすると「ふわり、と逃げてしまう」のだ。その忘れがたい「異様な美しさ」にこだわりながら、少年は成長して行く。

井上さんの批評は、わたしの小説集のテーマと展開を着実に、いや、心優しくフォローしてくれている。この心優しさは、井上光晴という作家に独特のものである。それは、相手に親身に心を添わせようとして（サービスして）、あるばあいには嘘をこしらえることにもなるわけだ。

ところで、井上さんはこの書評で、「エンジェル・ヘアーの正体を明かすのは、読者のためにむしろ遠慮しよう」と書いてくれている。推理小説の批評における常道のように、犯人は明かさないから読んでごらんなさい、と読者を誘ってくれているわけだ。

その井上さんの誘いにもかかわらず、わたしの小説集はあまり売れなかった。歴史ものや、思想史といった領域で仕事をしているわたしと、あまりの違いがあったからだろう。常盤新平さんや、岡松和夫さんをはじめとして多くの小説家や評論家が好意的な書評を書いてくれたけれども、売行きには結びつかなかった（テレビ化のシナリオまで用意されたが、実現しなかった）。

占領下の日本に舞い降りた、「銀の風花」のようなエンジェル・ヘアー（天使の髪の毛）とは、何だったのか。

それは、アメリカ軍が防空戦のために使う「チャフ」、つまり電子煙幕だったのである。しかも、それは必ずしも戦後のアメリカ軍用のものではなくて、太平洋戦争中でもB29が自己防衛用に日本上空で発射した兵器だった。

わたしはそのことを、海上自衛隊のパンフレットから知った。そこで、小説のなかに架空の軍事評論家なるものを登場させ、次のような会話を設定したのだった。

「エンジェル・ヘアーっていうのは、そりゃ、軍事用語でチャフ（CHAFF）、つまり電子煙幕のことじゃないかね」

そういって、わたしを驚かしたのは、五十年輩の、髪に白いものが多く目立ちはじめた軍事評論家だった。わたしが白くきらきら耀やくエンジェル・ヘアーと米軍基地との関連を暗示して語ったときのことだった。

「あれは、君、いまどこでも使っているよ。米軍の空軍基地はもちろん、日本の海上自衛隊の護衛艦だって、チャフを電子戦の主要な武器にしているよ」

エンジェル・ヘアー、つまり軍事用語で「チャフ」という電子煙幕は、きわめて軽微なプラスチックをガラス繊維状にし、それにアルミ箔を塗布したものだ。これを砲のなかにつめ、上空で花火のように破裂させる。すると、空中に無数のアルミ箔が浮き漂い、煙幕となる。これによって、敵のレーダー波を乱反射したり、そこに巨大な金属の武器があるかのように誤誘導するわけだ。

わたしはこの小説を書いたあと二、三年して、いいかえると十年ほどまえに佐世保地方総監部をおとずれたことがあった。そのとき、海上自衛隊の護衛艦「くらま」の艦長である寺西弘さんと、チャフについて詳しく語り合う機会をもった。寺西さんは、「チャフは発射すると、なかなか高価なものにつくので、そうするわけにはいきませんが、その電子煙幕の発射装置はごらんになってください」といって、四角い箱状のなかにいくつもの筒状に収められた、チャフの発射装置をみせてくれたのだった。なるほど、こういった装置が、占領下のわたしに「エンジェル・ヘアー」という幻の華を見せてくれたのか、といささか感慨ぶかいものがあった。

そこで『エンジェル・ヘアー』の冒頭の部分、「風花の舞う町で」をここに再掲しておこう。

空の奥がかすかに光った。きらっ。

明かるさと青さをとりもどしはじめた冬の終わりの空の奥が、きらっ、と光ったとみるまに、空一面がきらきら、きらきら、ゆっくり銀色に耀やきだした。

「風花とちがうか、あれ」

小学校の帰り道に、誰かがいった。家の方角が同じ、大工の孫、フィリピン、多幸、そしてわたしの四人組が、家の近くまで来たところだった。

見上げると、赤城山の頂きの部分が白く、まだ雪が残っているのがわかる。春近くになって、すこし強い風がふくと、町の二十キロぐらい北側にそびえている赤城山から雪がふきとばされて、風花になって舞いおりてくるのだった。

風花は降ってくるだけで、積もらない。北からの風が一定の速さをたもっていれば、かなり長い時間、といっても一時間かそこらだが、舞いおりつづける。ただ、空中の温度も、地表の温度も、春がちかいため、やや高くなっている。上空にあるときには、太陽の光りをうけてきらきら耀やきつづけるが、地表ちかくに達すると、ほとんど溶けてしまうのだ。

掌で受けても、あっというまに、なくなってしまう。あとには、それが雪であった証拠の、小さな小さな水滴が残る。冷めたいというほどではない。それくらい、周りには春の気配がただよいはじめているのだ。

「ああ、春なのかな」

赤城山の頂きに雪が白く残っているのを目のはしで捉えながら、わたしの体はなんとなく浮き立った。わたしばかりでなく、仲間の小学生たちはみな、空に両手をつきだしたり、傘をひろげて風花を受けとめようと、宙に身をのりだしたような格好になっている。

しかし、風花はなかなか舞いおりてこない。きらきら、きらきら、なかぞらに漂っていて、空全体をやわらかな銀幕にかえてしまっている。風花ならとっくに掌に水滴を残したり、頬に心地よい冷めたさをもたらしてくれるはずなのに、空からなかなか降りてこない。

ひとつ、ふたつ、舞いおりてきた。と、おもって、掌を差し出すと、ふわり、と逃げてしまう。それどころか、その空気の動きに反応したごとく、銀の風花はふたたび宙に舞いあがってしまうのだ。

「変だな。こんな風花、あったかしら。まるで、たんぽぽの綿毛のような軽さだ。いや、風花だって軽いのだが、差し出した掌から逃げだすような、そんな巧妙な真似はしない。それに、この風花にはたんぽぽの綿毛のような、ほんのりとした温かさがあるような気がする」

母親が貧しい家並がつづく地域なのに多幸という名を持つ土地の出身であるた

め、「多幸」というアダナになったタカオのほうをみると、やはり風花に逃げられたらしく、宙をつかんだ面持ちで首をかしげている。さっきまで歓声をあげて両手をつきだしていたのに、いまは狐につままれたように黙っている。するど、大工の孫、これは大工がノリオの名まえをよばず、孫としかいわないので、「大工の孫」というアダナになったのだが、かれが、わかったぞ、というような顔をして、叫んだ。

「こりゃ、風花じゃない。姉さんの彼氏に教えてもらったことがある。エンジェル・ヘアーだ。だって、冷めたくもないし、溶けもしない。摑もうとすると、ふわり、と逃げるだろ。誰も手に入れることができないんだ。風花は陽に当たって銀色に光りながら下に落ちるんだけど、エンジェル・ヘアーはあるときには黄金《きん》色っぽく光って空中に浮いて飛ぶんだ」

そういわれてみると、風花の雪片とおもわれていたものは、銀色のなかに黄金色がまじっているのか、ちょっと明かるく眩ゆい。

「エンジェル・ヘアーつて、何だ。エンジェルっていうのは、あのキャラメルの箱に書いてある天使のこと?」

「そうさ。エンジェル・ヘアーっていうのは、英語でね。姉さんの彼氏の話じゃ、天使の髪の毛って訳すらしいんだ。アメリカ好きのケンジは知っているだろうが、天使は、金髪をしてて、空を飛べるんだ。その髪の毛が軽いのは、当然だろ。天使の髪の毛は、何か悪いことがおこりそうなとき、それを防ぐために飛ぶんだ、といっていた」

大工の孫は、得意そうに説明した。かれの姉は、進駐軍将校のオンリーで、わたしたちはいつも「おまえの姉さん、パンパン娘。ひとばん十円、さあいかが、パンパン」と、そのパンパンのところで尻を叩きながら、囃したてたのだった。すると、かれはいつも同じように「うちの姉さんはパンパンなんかじゃないぞ。将校さんと結婚するんだ。でも、いまはアメリカの奥さんが離婚してくれないから、仕方がないんで、オンリーになってるんだ」と顔を赤くして怒鳴り返すのだった。

かれの家の脇の歩道には、朝になるとよく、フォードのジープがとまっていた。それは夕方にはないのだが、朝になると、そこに置かれてあるのだ。だから、わたしたちはその「姉さんの彼氏」という進駐軍の将校がどんな顔をしているのか、あまりよく知らないのだった。それでも、休みの日などに、かつて中島飛行機の所有でいまは進駐軍に接収されている飛行場にでかけていって、鉄条網の外から司令部のところを眺めていると、ゲートを固めたMPがジープに乗った将校に敬礼しているのがみえた。みんなピンク色の肌をして、碧い眼と高い鼻をもっていた。だから、将校といえば、ピンク色の肌と、碧い眼と、高い鼻をもって、ジープにのっている白人のアメリカ人のことだった。

「じゃあ、何か悪いことが起こりそうなの？」

「そんなことは知らーん。悪いことが起こらないように、飛ぶんだし……」

大工の孫の答えは、歯切れがわるくなった。しかし、かれの答えで、これが風花ではなく、エンジェル・ヘアーだということを、わたしたちは納得してしまっていた。実際それは、手に摑もうとして摑めなかったし、いつまでも空中に漂っていて落ちてきそうもなかった。飛んでいるというより、浮いているといった感じで、ふわふわ、その銀色の姿をいつまでもみせていた。ときにそれは、天使の髪の毛のように、温かい黄金色の耀やきをみせた。

みんな茫然と、その耀やきにみとれていた。すると、「フィリピン」というアダナをもつ、ロバートがいった。

「アメリカ人の金髪は、とっても柔らかいんだぜ。細くて、柔らかくて、まるでナイロンみたいなんだ。母さんがそういってた」

ロバートの父親は軍人で、戦争中フィリピンにいっていた。戦後帰ってきたときには、色の浅黒い、しかし目が大きくて綺麗なフィリピン人の嫁さんを連れていた。その嫁さんが日本に来てすぐ産んだのが、ロバートだった。

だから、ロバートが「母さん」というのは、そのフィリピン女性のことなのである。かの女はわたしたちの家の近くにある進駐軍将校宿舎のメイドさんをやっていた。アメリカ人の金髪についての話は、信憑性があった。

わたしたちはそのフィリピンの「母さん」がつとめている進駐軍将校の宿舎に一度だけだが、入れてもらったことがある。将校さんも奥さんも留守だった。ふだんは高いコンクリート塀に囲まれて、緑の屋根と白塗りの板壁がみえるだけで、あとはそこのメアリーという娘がひく幼稚なピアノの音がきこえてくるのを知るばかりだった。

家のドアには、外側に虫除けの網がかぶせてあった。わたしたちの家には、そんなものはどこにもなかった。家のなかに、本来なら茶色であるのにたくさんのハエがたかったため真黒くなってしまったハエ取り紙が汚なくぶら下がっているのが、普通だった。ロバートの「母さん」は黒光りをしたピアノのある部屋に秘かに招待してくれ、甘いミルク・ティーをごちそうしてくれた。甘いものといえば、乾燥イモか麦こがし（わたしたちの地方ではそれを「こうせん」と呼んでいたが）ぐらいしか知らなかったから、進駐軍って何て素敵なものを飲んでいるんだろう、とおもったものだった。ピアノにかかった白いレースさえ、異国の香りがした。

「そうか、ナイロンみたいか。うちの姉さんが彼氏からもらったナイロンの靴下、さわってみたことがあるけど、ほんとうに軽くて、スベスベしていて、柔らかいぜ。ふうん、アメリカ人の金髪って、触わると、あんなんか」

大工の孫のノリオはそういいながら、まだ宙に漂っているエンジェル・ヘアーのほうをみつめた。わたしももう手を下におろして、その、きらきらする、異国の天使の無数の金髪をみつめていた。

「何か悪いことが起こるんだろうか。いや、悪いことが起こることを防ぐんだから、良いことが起こるんだろうか。いずれにしても、外国には不思議なものがあるんだな。それは進駐軍とともに、日本にも来たんだな」

わたしは幼ない頭で、目のまえのエンジェル・ヘアーの美しさを、なんとか理解しようとしていた。もっとも、家に帰ってからは、父や母にもその話はしなかった。話をすれば、進駐軍将校のオンリーであるノリオの姉さんの「ナイロンの靴下」や、ロバートの母さんが内緒で見せてくれた家の内部についても喋ってしまいそうだったからだ。

エンジェル・ヘアーはその後、二、三回も舞っただろうか。回数は、三十数年後のいまとなってはあやふやである。しかし、その小学校帰りの最初の出会いだけは、忘れない。

朝鮮戦争がはげしくなると、空からはエンジェル・ヘアーではなく、模擬弾や補給物資の木箱が落ちてきた。近くの飛行場で行なう爆弾投下訓練や、朝鮮戦線へ送る補給物資の投下訓練の失敗だったのだろう。


（一九八九年、文藝春秋刊）

神の罠 浅野和三郎、近代知性の悲劇

42

「ポルターガイスト」というオカルト現象を、最初に「騒々《そうぞう》しい幽霊」と訳し、またその日本での実例を紹介したのは、浅野和三郎《あさのわさぶろう》（号、憑虚《ひょうきょ》。憑虚とも）である。いまから五十年以上もまえのことだった。

この、浅野和三郎という人物について簡単に説明するのは、とても難しい。たとえば、かれはラフカディオ・ハーン（小泉八雲）の弟子で、英文学者であった。日本で最初のシェークスピア全集の翻訳にたずさわり、『英文学史』（明治四十年刊）さえ著わしている。しかし、かれはその後、英文学者の道をすてて、大本教のイデオローグになっている。かれが第一次大本事件（大正十年）の原因をつくった、という一部の評さえある。だが、かれはその大本教のイデオローグの道もすてて、心霊研究（サイキカル・リサーチ）へとすすんだ。そうして、ついには日

本のスピリチュアリスト（浅野訳では「神霊主義」者）になった。

浅野和三郎の生涯は、全体として、〈知〉の危うい軌跡を描いている。それは、近代日本における〈知〉の彷徨を象徴している、といってもいい。

そういう浅野和三郎の生涯が描いた〈知〉の軌跡は、いったい何を意味しているのか。かれの生涯の軌跡は、もしかしたら、西洋＝近代を理念型《イデアル・ティプス》として理想化し、それを模倣し追求し実現することをもって日本近代の〈知〉の課題とした日本の知識人の、ある究極の姿を示しているのではないか。

――そう考えると、昨今のポスト・モダンがこのところ心霊研究やオカルト、ひいては神秘主義へとなだれこんでいる構図も、浅野和三郎がかつてたどった軌跡を読み直すことによって、ある程度了解できるような気がするのだ。そして、そのさきに、どのようなアポリア（難関）が待ちかまえているかも、予《あらかじ》めかなり正確に解き明かすことができるのではないか。

そうだとすれば、浅野和三郎という問題を語ることは、西洋＝近代を理想化して模倣し、ついにその最先端のポスト・モダンというアクロバットへと辿りついた現代日本の〈知〉の危うさそれじたいを検討することにも通じてゆくだろう。

つまり、わたしたちは現在、この浅野和三郎を受け入れ、批判してみることによって、そのポスト・モダンの頽廃《たいはい》を超えていける、というわけでもある。浅野は、ほかでもない、現代の〈知〉の危うい境界を先駆的に生きた人なのだ。

†

――パトリ（原郷）の意識をかたちづくる心性とはこういうものなのだな、とおもった。房総半島の小さな農村にすみはじめたころ、といっても、すでに十年もまえのことである。村の鎮守社の改築をいわう行事が、房総の低い山なみを背景に行なわれた。そこで、世話役の老人がこう語ったのだった。

「神社の改築にもちいた材木は、すべて裏山の杉であります。これは、わたしらのじいさんたちが五十年ほどまえに植えておいてくれたもので、わたしらも孫子《まごこ》のために同じようにしておいてやる必要があります。よろしく協力をねがいます」

わたしはこの言葉をききながら、仕合わせな気分にひたっていた。それは、社会というものはこのように人の無償の営みによって確かな形を保ちつづけられるのだな、という感懐でもあり、また、ここにはなお近代の個人の価値追求の時間とは別の時間も流れているのだな、という驚きでもあった。

ところが、それから十年のあいだに、その孫子《まごこ》の世代はつぎつぎに村から離れていった。地方都市の電気会社へ、都会の寿司屋へ、隣町の理容店へ……と。村の細い畦道《あぜみち》もつぎつぎに舗装されていった。それは、わたしが遅れて目にした近代化の光景というものであったろう。

死ねば死にきり、というのが、近代の個人主義的な死生観の究極である。これは自分一個の覚悟としてはそうありたいとおもうが、たとえば子どもを亡くした親の問題としてはどうだろう。

死ねば死にきり、とはいえないのではないか。現実には死者となった子どもの「声をもう一度ききたい、その姿をもう一度みたい」とおもうにちがいない。

そう考えたとき、わたしは浅野和三郎の心霊科学研究会に加わった土井晩翠《どいばんすい》（詩人・英文学者。『荒城の月』を作詞）や豊島與志雄《とよしまよしお》（小説家・翻訳家。訳に『レ・ミゼラブル』『ジャン＝クリストフ』など）の心底が理解できるような気がした。子どもを亡くしてから霊魂界との交信能力（霊能力）を獲得した、浅野多慶子《あさのたけこ》や小林寿子《こばやしひさこ》の秘密もわかったような気がした。かれらにとっては、現実に生あるもの、声あるもの、姿あるものよりも、亡きもの、聞こえないもの、見えないもののほうが重大なのである。

数年まえ、わたしはラフカディオ・ハーンから「神様のような人」とよばれた秋月悌次郎のことを、『秋月悌次郎　老日本の面影』（「新潮」一九八五年七月号）に書いた。そこに、秋月が若くして死んだ五高の生徒宅を見舞う場面がでてくる。秋月の漢文によれば、そのとき子どもを亡くした親が、あの棗《なつめ》の木の下で子どもが遊んだ、あの石を踏んだ……といちいち指でさしながら亡き子のことを物語った、という。

わたしは本書を書きながら、秋月のその漢文を想い出し、いちいち指でさした親の心底を思い、そうして若くして亡くなった五高生とはどんな姿形《すがたかたち》をしていたのだろうか、としきりにおもっていた。

『秋月悌次郎　老日本の面影』を書いたときには、ハーンの英文学における弟子だった浅野和三郎のことを書こうとは考えていなかったが、本書が出来上がってみれば、それは必然の道すじだったような気もする。

本書は、浅野和三郎の評伝それじたいではない。ハーンの弟子、英文学者、大本教のイデオローグ、心霊研究、スピリチュアリスト（神霊主義者）という、変転の生涯を送ったかれの生涯をとおして、近代日本の知性が辿った（いまもまた辿っている）軌跡を明らかにあぶり出そうとしたものである。

浅野のこういった変転のきっかけが子どもの不治の病にあった、と知ったとき、わたしの口辺《こうへん》には伊東静雄の、

「夜《よる》更けて医者を待つ
吾子《あこ》の熱き額に
手をやりて／　さて戸外の音に／　耳をかたむ
耳傾くれば
わが家《いえ》は虫声の／　大《おお》き波　小《ち》さき波の／　中にあり」

という、小さな（あまり注目されることのなかった）詩篇が浮かびあがってきた。

（一九八九年、新潮社刊）

昭和最後の日々

海鳴りがきこえる。外房の海辺からはちょっと離れているため、「どおーん、どおーん」という一回ごとの響きではなく、風にまとめられて「ぐぉーん」という連続音になっている。そんなことも、海のちかくに住んでみるまで知らなかった。

かといって、海にちかすぎれば、やはり一回ごとの「どおーん」と波の打ち寄せる音のほうが強く耳につくにちがいない。はじめて波打ち際の宿にとまった二十五年まえの隠岐島では、その音が耳について眠れなかった。

もっとも、同じ波打ち際でも、地中海に面した北アフリカの海岸では、一日の干満の差が一〇センチあるかないかで、波もほんのさざなみといったぐあいだったから、「ざざー」という小さい波音が枕元にきこえるだけだった。同じ波音と

43

いう言葉であっても、場所によって響きかたがずいぶんと違うものである。政治を政治的に語らず、経済を経済的に語らず、状況を状況的に語らず、というのが、わたしが一年七ヵ月にわたる『エコノミスト』巻頭言を執筆するにさいしての、みずからに課した唯一の原則であった。それは、現在に固執しつつも、その現在を歴史から、また異なった場所から眺めることを通して、もう一度現在に帰ってくるための方法というものだろうか。

わたしは外部に起こっていることを、いちど内部の事実に化したうえでしか語りたくない。そして、いちど内部の事実に化したことについては、くりかえし思考を重ねてゆきたい、とおもっている。

わたしは天皇の死に（一九八九年一月七日崩御）さいして、ポスト・モダンから西田哲学へと雪崩《なだれ》ゆく昭和の最後をおもい、「御大喪《ごたいそう》の礼」（二月二十四日）の雨の日には、東京の片隅で前田愛の死のことを考えていた。そういった、わたしだけの「昭和最後の日々」が、本書には刻みつけられている。これが、わたしなりのたたかいの流儀というものである。

海鳴りはいつもきこえるわけではない。海が荒れているとき、あるいは荒れる予兆として、風が運んでくるものである。その風を感じる心の余裕は、いつももちつづけていたい。

『昭和最後の日々』の中から三篇ほど紹介しておこう。一篇は「西田哲学」のこと、一篇は国家主義者・右翼思想家の大物といわれた安岡正篤《やすおかまさひろ》について、もう一篇は昭和の裕仁天皇と平成の明仁天皇の顔についてである。

✝

西田幾太郎は、「皇道の覇道化」つまり「皇道を帝国主義化」することがあってはならない、といった。では、「世界に面して立つ日本」はどのような「世界形成の原理」を抱くべきか。「世界新秩序の原理」（昭和十八年）にこうある。

「各国家民族が自己に即しながら自己を越えて一つの世界的世界を構成すると云ふことは、各自自己を越えて、それぞれの地域伝統に従つて、先づ一つの特殊的世界を構成することでなければならない。而して斯く歴史的地盤から構成せられた特殊的世界が結合して、全世界が一つの世界的世界に構成せられるのである」

国家民族が「それぞれの地域伝統に従」いつつも、なお「自己を越え」るシステムとなり、それらが「世界的世界」を形成する。これはまさしく、一九八〇年代末現在の、「それぞれの地域伝統」に即して〝国際化〟を志向しようとする新保守主義＝国際化論者のイデオロギーそのものではないか。

柄谷行人《からたにこうじん》は「思想季評・ライプニッツ症候群・西田哲学」（季刊『思潮』第三号、一九八九年一月）において、こういった国際化論者のみならず、「棲み分け」と「変わるべくして変わる」今西錦司の生態学、部分が即全体であり全体が即部分であるというホロニックスやニュー・サイエンス、全体主義でも個人主義でもないという山崎正和の「柔らかい個人主義」、それに「環太平洋経済圏」を構想するイデオロギーなどは、すべて「自覚せざる西田哲学である」、という。読みとして正解である。（一九八九年一月三十一日）

†

「平成」という元号の発案者は、陽明学者の故・安岡正篤だった、という説が出まわっている。そういわれてみると、この元号には安岡ふうの古めかしさがまとわりついている。平城、平安、平群《へぐり》、平成……。

昭和二十年に大東亜省顧問だった安岡正篤は、終戦の詔勅に朱を入れ、「万世ノ為ニ太平ヲ開カント欲ス」の一文を挿入した、といわれる。それ以後、吉田茂から中曽根康弘まで歴代首相の影の政治指南役となった。このことから、安岡は戦前、北一輝・大川周明とならぶ国家主義者、右翼思想家の大物だったという、後世からの伝説がつくられた。

だが、安岡は北や大川や血盟団事件の井上日召《いのうえにっしょう》らにくらべると、はるかに格が落ちる。井上日召などは、血盟団事件が発覚してしまったのは「金鶏学院の安岡正篤が、時の警保局長に密告したからだ」と書いてさえいる。

安岡は昭和五十八年に八十五歳で没したが、その最晩年に艶聞事件を起こしている。没後、たくさんの弟子たちが回想を書き、『安岡正篤とその弟子』（竹井出版刊）となったが、誰もこの艶聞事件にふれなかった。ひとり笹川良一が、じぶんのように若いとき遊びすぎたものは歳をとると枯れてしまって、何の艶聞も生じない、だが、「品行方正」の人生を送った安岡の晩年に艶聞が一つや二つあったって、華やいでいていいではないか、といった。知己の言というべきか。

安岡正篤を伝説から解き放つことと、政治を安岡の亡霊から切り離すこと。これは、二にして一である。（一九八九年二月二十八日）

✝

ひとの思想が変わるように、顔も変わる。そのことを改めて感じさせてくれたのが、昭和史の回想によって数多くでた裕仁《ひろひと》天皇（および皇室一家）の写真であった。戦前の裕仁天皇の顔は、年齢の若さということもあるが、明敏・精悍といった印象のみがつよい。この顔で二・二六事件を乗り切ったのだな、と納得させられる。

戦後になり、晩年に近づけば近づくほど、柔和な、それでいて明晳《めいせき》さを感じさせる、いい顔になった。笑顔が輝いていて、とくにいい。

平成の明仁《あきひと》天皇の顔は、少年時代と最近がいい。青年時代はダメである。わたしが敬愛する作家、梅崎春生は当時の皇太子の顔にふれて、あのアゴの張った顔が嫌いだ、と書いていた（と記憶する）。むろんここには、天皇の命によって戦争に召された戦中派独特の感情が遥曳しているが、そういう点を差し引いても、戦後三十年間ぐらいの皇太子の顔は、梅崎が感じとったように、負けん気のみが目立っている。それが、この十年ほど、ずいぶん落ち着きのある、バランス感覚をただよわせた、いい顔になった。

これに対して、美智子妃（現皇后）の顔は……と書きつづけようとして、余白がもうないのに気づいた。（一九八九年三月二十八日）

（一九八九年、リブロポート刊）

著者略歴

松本健一（まつもと　けんいち）

1946年群馬県生まれ。1968年東京大学経済学部卒業。1971年、評伝『若き北一輝』で注目される。評論家、思想家、作家、歴史家として執筆を続ける。1983年中国・日本語研修センター教授。1994年麗澤大学経済学部教授。2009年より麗澤大学比較文明文化研究センター所長を歴任。2010年10月から2011年9月まで内閣官房参与。1995年『近代アジア精神史の試み』でアジア・太平洋賞、2005年『評伝 北一輝』全5巻で司馬遼太郎賞、毎日出版文化賞を同時受賞。司馬遼太郎記念財団評議員、日本財団評議員、司馬遼太郎賞選考委員、アジア・太平洋賞選考委員。『竹内好論』『大川周明』『白旗伝説』『評伝 佐久間象山』『砂の文明・石の文明・泥の文明』『畏るべき昭和天皇』『海岸線の歴史』『三島由紀夫と司馬遼太郎』『維れ新たなり』『日本近代の憧れと過ち』など著書多数。

松本健一思想伝　1

思想《しそう》の覚醒《かくせい》　**思想《しそう》の面影《おもかげ》を追《お》って**

2013年7月1日　初版第1刷発行

著者　松本健一

発行人　佐々木久夫

発行所　株式会社人間と歴史社

東京都千代田区神田小川町2-6　〒101-0052

電話　03-5282-7181（代）／FAX　03-5282-7180

http://www.ningen-rekishi.co.jp

装丁　人間と歴史社制作室

印刷所　株式会社シナノ

ISBN 978-4-89007-188-3